REȚETE DE LASAGNE ȘI PASTE ITALIANE ADEVAATE

100 de rețete de top (carte de bucate lasagna, rețete de lasagna, carte de bucate trecute, lasagna vegetariană, gătit italian, rețete de paste)

PIATRA DE VALENTINE

© COPYRIGHT 2022 TOATE DREPTURILE REZERVATE

Acest document este orientat spre furnizarea de informații exacte și de încredere cu privire la subiectul și problema abordată. Publicația este vândută cu ideea că editorul nu este obligat să presteze servicii contabile, autorizate oficial sau altfel calificate. Dacă este nevoie de consiliere, juridică sau profesională, trebuie solicitată o persoană practicată în profesie.

În nici un fel nu este legal să reproduci, să dublezi sau să transmită orice parte a acestui document, fie prin mijloace electronice, fie în format tipărit. Înregistrarea acestei publicații este strict interzisă și orice stocare a acestui document nu este permisă decât cu permisiunea scrisă a editorului. Toate drepturile rezervate.

Avertisment Disclaimer, informațiile din această carte sunt adevărate și complete după cunoștințele noastre. Toate recomandările sunt făcute fără garanție din partea autorului sau a publicării poveștii. Autorul și editorul își declină răspunderea în legătură cu utilizarea acestor informații

INTRODUCERE.. 8
1. PASTE CU PESTO DE ROSII.. 9

2. LASAGNĂ DE HUITLACOCHE ȘI SPANAC CU PASTE PROASPATE 10
3. PASTE FETA ȘI DIN CUPTOR 12
4. SPIRELLI CU SOS DE ROSII, LINTE SI FETA 13
5. LASAGNE DE PASTE USCATE 15
6. LASAGNE FĂRĂ PASTE 16
7. PENNE CU SOS DE ROSII SI NAUT 18
8. LASAGNE CU FIDEI (PASTE) Papioane SI SPIRALE 20
9. Caserolă vegetariană cu tăiței 21
10. LASAGNA DE SPANAC, RICOTTA, SUNCA SI MOZZARELLA (PASTE MATARAZZO) 23
11 CASEROLA DE PASTE ȘI CONOPIDĂ CU TOFU 26
12. LASAGNA TON CU PASTE DE CASA 29
13. PASTE LASAGNĂ CU CROCHETE DE TORTILLA CU CALȚOȚI ȘI ȘUNCĂ 30
14. LASAGNE DE PASTE RECHINI 32
13. Caserolă cu paste și varză 33
16. RICOTTA LASAGNE STYLE PASTE 35
17. LASAGNE CU PASTE MATARAZZO GATA 37
18. LASAGNE DE LEGUME CU PASTE PROASPATE 39
19. Caserolă cu paste și cartofi cu ceapă 40
20. TAVĂ DE PASTE ȘI BRÂNZĂ CU PRAZ 42
21. LASAGNE MIXTE (PUI, CARNE ȘI LEGUME) 44
22. LASAGNE CU SOS CARBONARA, CIUPERCI SI PUI RASAT .. 46
23. LASAGNE DE VINETE 48
24. LASAGNE MIXTE 49

25. LASAGNA TIGIATA CU PUI 52
26. LASAGNA DE POLLO, A LA TAZA ...! 54
27. LASAGNE DE DOVLECEI SI ROSII 55
28. LASAGNE 57
29. LASAGNE DE VINETE CU CARNE MASINATA DE VITA 58
30. LASAGNE AMIX, CU BRANNZĂ ŞI SOS DE USSturoi 61
31. ROLA DE LASAGNE UMPLUTĂ CU MORTADELLA ŞI BRANZĂ MOZZARELLA 62
32. LASAGNE SPECIALE 64
33. LASAGNE DE BANANA COAPTE 66
34. LASAGNE DE CARNE 67
35. LASAGNE DE PUI ŞI ŞUNCĂ 69
36. LASAGNE DE CARTOF ŞI FASOLE 70
37. TOFU ASIATIC CU FIDEI SOBA 72
38. LASAGNE MIXTE PUI ŞI CARNE 74
39. LASAGNA DE PUI SOS ROSIU (RAGÚ) 75
40. LASAGNE DE CARNE 77
41. LASAGNA DE PUI ÎN SOS BÉCAMEL 78
42. LASAGNE DE PUI 81
43. PASTE DE MĂZARE VERDE CU ROGULA 82
44. LASAGNE FARA CUPTOR 83
45. LASAGNE DE CARNE FARA CUPTOR 85
46. TORTA DE BANANE 87
47. CREPE DE CARNE CU SALATA 88
48. LASAGNE DE CARNE 90
49. LASAGNE COAPTE CU CARNE 92

50. LASAGNA CU PUI, SPANAC SI BRRANZA 94
51. PASTE CU SOS DE ROSEMARY 96
52. PASTE VEGETARIANE BOLOGNEZE 98
53. PASTE CU PORTOCALE - SOS DE SOMON 100
54. SALATA DE PENNE CU SOS PESTO DE Sfecla Rosie 102
55. LASAGNE DE SPINAC CU SPANAC CREMĂ 104
56. LASAGNE VEGANĂ CU SPINAC 105
57. LASAGNE FĂRĂ BECHAMEL 107
58. LASAGNE DE BROCCOLI SOMON 109
59. LASAGNE DE SOMON 112
60. LASAGNE DE LEGUME 113
61. SALATA DE PASTE MEDITERRANEANE 115
62. SALATA DE PASTE CU LEGUME PĂRITE 118
63. FIDEI DE TON 119
64. LASAGNE RAPIDE DE LEGUME 121
65. SOS DE ROSII 123
66. VARZA DE BRUXELLES CIORBA DE CAJU 125
67. SALATA DE PASTE CU PESTO GENOVESE 126
68. LASAGNE DE DOVLECEI 128
69. LASAGNE DE DOVLECEI CU SOMON 130
70. LASAGNE VEGANĂ DE SPINAC 132
71. LASAGNE TACATE DE VITA SI DOVLECEI 134
72. LASAGNE DE TON 136
73. LASAGNE DE SPINAC 138
74. SALATA DE PASTE CU CREVETI 139

75. LASAGNE DE SPINAC CU SPANAC CREMA 141
76. LASAGNE DE SPARANGEL.. 142
77. PASTE CU BOLOGNEZA DE LINTE 145
78. LASAGNE RAPIDE DE LEGUME 146
79. . PASTE FETA STRĂTATE DIN CUPTOR.......................... 149
80. SPIRELLI CU SOS DE ROSII, LINTE SI FETA.................. 150
81. LASAGNĂ LOW CARB 152
82. LASAGNE CU CURNIC 153
83. PENNE CU SOS DE ROSII SI NAUT................................. 155
84. BUDINDĂ DE LAPTE DE CHIA ȘI MIGDALE.................. 157
85. LASAGNE FĂRĂ BECHAMEL... 159
86. GRANOLA DE CASA 161
87. INGHETATA DE COCOS SI CIOCOLATA CU SEMINTE DE CHIA 163
88. LASAGNE FRUCCE DE MARE 164
89. CAPSUNI CIOCOLATA CU CARDAMOM 166
90. PRACTICĂ DE BRÂNZĂ.. 167
91. FARFALLE CU PESTO ROSSO SI MOZZARELLA 169
92. TORTA DE FRUCTE FARA ZAHAR 170
93. PURSERI CU CHIPURI DE CIOCOLATA 172
94. FIDEI DE USturoi sălbatic 173
95. SPAGETE CU SPARANGEL SALBATIC............................ 176
96. SPAGETE CU SCAMPI ȘI FENICUL 177
97. CAISE COPTE LA MIERE 179
98. LASAGNE DIN TIGIE 181
99. LASAGNE DE SOMON 183

100. LASAGNE DE BROCCOLI SOMON 185

CONCLUZIE ....
.... 224

INTRODUCERE

Lasagne este probabil una dintre cele mai vechi forme de paste. Anticii romani au mâncat un fel de mâncare cunoscut sub numele de „lasana" sau „lasanum" despre care se crede că a fost similar cu lasagna al forno de astăzi (lasagna coaptă). Aceasta era o foaie subțire de aluat făcută din făină de grâu, care se coace în cuptor sau direct pe foc. Unii istorici ai alimentelor cred că aceste paste sunt și mai vechi, susținând că cuvântul provine inițial din cuvântul grecesc antic laganon și a fost „împrumutat" de romani. În ambele cazuri, cuvintele originale se refereau la o oală de gătit și, în cele din urmă, felul de mâncare a fost numit după „oala" în care a fost pregătit.

În Evul Mediu, lasagna coaptă a devenit atât de răspândită încât mulți poeți și scriitori italieni au menționat-o în scrierile lor. Multe dintre rețetele din Evul Mediu încoace descriu un fel de mâncare mai asemănător cu cel pe care îl cunoaștem astăzi, care avea între ele straturi de foi de paste care erau gătite cu carne și/sau brânză. Cu toate acestea, abia după ce roșiile au început să fie folosite în bucătăria italiană în jurul anului 1800, lasagna al forno a început să semene mai mult cu felul de mâncare pe care mulți dintre noi îl numesc „lasagna".

1. PASTE CU PESTO DE ROSII

ingrediente
- 1 g piper
- 1 g sare
- 100 ml apă
- 25 g pesto ai Pomodori Secchi
- 100 g paste integrale
- 15 g parmezan

pregătire
1. Mai întâi fierbeți pastele în suficientă apă cu sare până când sunt al dente.
2. Peste paste se întinde pesto de roșii uscate.
3. Serviți pastele cu pesto de roșii cu parmezan și piper proaspăt ras.

2. LASAGNĂ DE HUITLACOCHE ȘI SPANAC CU PASTE PROASPATE

Ingrediente

- 250 grame paste proaspete în foi
- 500 grame huitlacoche fiert
- 100 de mililitri de smântână
- 200 de grame de brânză
- 100 de grame de spanac

Pași

1. Luați un refractar potrivit pentru a intra în cuptor și pregătiți toate ingredientele pentru a asambla lasagna
2. Asamblați lasagna punând pe bază puțină smântână, paste, huitlacoche, smântână, brânză și spanacul alternând în ordinea dorită creând straturi
3. Terminați cu smântână și brânză pentru a gratina când intră în cuptor
4. Coaceți la cuptor la 180 de grade Celsius timp de 20 până la 25 de minute sau până când brânza este gratinată și aurie.

3. PASTE FETA ȘI DIN CUPTOR

ingrediente
- 600 g rosii cherry
- 1 ceapa rosie
- 2 catei de usturoi
- 200 g feta
- 1 lingura ulei de masline
- sare
- piper
- 1 praf de cimbru uscat
- 1 praf de oregano uscat
- 1 praf fulgi de ardei iute
- 400 g spaghete din grâu integral
- 2 pumni busuioc

Etape de pregătire
1. Se curata si se spala rosiile si se taie in jumatate daca este necesar. Curățați ceapa, tăiați-o în jumătate și tăiați-o felii subțiri. Curățați și feliați usturoiul. Pune legumele într-o tavă de copt și brânza feta în mijloc. Stropiți totul cu ulei de măsline, sare, piper și condimente.
2. Se coace in cuptorul preincalzit la 200°C

(convecție 180 ° C, gaz: nivel 3) timp de 30-35 minute.

3. Între timp, urmați instrucțiunile din pachet pentru a găti pastele în apă sărată clocotită. Spălați busuiocul, agitați pentru a se usuca și smulgeți frunzele.
4. Scurge pastele și scurge-le. Scoatem branza feta si legumele din cuptor, le taiem grosolan cu o furculita si amestecam. Pune pastele și 1½ mână de busuioc într-o tavă de copt, amestecă totul bine și distribuie pe 4 farfurii.
Serviți cu frunzele de busuioc rămase.

4. SPIRELLI CU SOS DE ROSII, LINTE SI FETA

ingrediente
- 50 g linte beluga
- 1 eșalotă
- 1 catel de usturoi
- 1 morcov
- 1 dovlecel
- 2 linguri ulei de masline
- ½ linguriță de pastă de harissa
- 200 g roșii aglomerate (cutie)
- sare
- piper
- 1 ramură de cimbru
- 250 g paste din grâu integral (spirelli)
- 200 g rosii cherry
- 50 g feta

Etape de pregătire
1. Fierbeți lintea în cantitate de două ori mai mare de apă clocotită timp de 25 de minute până se înmoaie. Apoi scurgeți și scurgeți.
2. Între timp, curățați și tocați eșapa și usturoiul. Curățați morcovii și dovleceii și tăiați-le în bucăți mici.
3. Se încălzește uleiul într-o tigaie și se prăjește șaota și usturoiul la foc mediu timp de 3 minute, apoi se adaugă morcovii, dovleceii și pasta de harissa și se prăjesc 5 minute. Se

adauga apoi rosiile si se fierbe la foc mic inca 4 minute. Se spală cimbrul, se agită să se usuce și se bate frunzele. Se condimentează sosul cu sare, piper și cimbru.

4. Concomitent, urmați instrucțiunile de pe ambalaj și fierbeți pastele în multă apă clocotită cu sare timp de 8 minute. Apoi scurgeți și scurgeți. Se condimentează lintea gata cu sare și piper. Spălați roșiile și împărțiți-le în 4 părți egale. Zdrobiți brânza feta.

5. Pune pastele într-un castron, toarnă sosul cu linte și roșii, se stropește cu brânză feta și se bucură.

5. LASAGNE DE PASTE USCATE

Ingrediente

- 1 pachet taitei cot
- 200 de grame de sunca fiarta
- 100 de grame de brânză de mașină
- c/n mozzarella
- ketchup
- 1 pachet spanac
- 1 ceapă
- 1/2 Aji morron

Pași

1. Se fierbe pachetul de cot pentru timpul indicat pe pachet, se strecoară, se rezervă
2. Punem jumatate din taitei intr-un vas de copt in care punem un strop de ulei, sunca fiarta deasupra
3. Se spala, se toaca, se caleste ceapa cu ardeiul gras si frunzele de spanac tocate pana scade - se pune jumatate pe sunca fiarta - se aseaza un strat de branza de masina si restul de spanac

4. Acoperiți cu șuncă fiartă și restul de tăiței, terminați cu mozzarella
5. Se acopera cu sos - se da la cuptorul preincalzit la maxim aprox. 20 '25' - depinde de fiecare cuptor
6. Fotografia pasului 5 a rețetei de lasagna cu paste uscate
7. Opriți cuptorul, lăsați câteva minute în bucătărie, aduceți la masă, tăiați în porții
8. Serviți cu mai mult sos de roșii și brânză rasă (opțional)

6. LASAGNE FĂRĂ PASTE

Ingrediente

- 1/2 ceapa tocata marunt
- 2 dinti Usturoi

- 1/2 kg carne de vita tocata
- 8 ardei poblano prăjit, decojit și decojit
- 12 ciuperci proaspete
- 3 dovlecei
- 1 pungă Spanac proaspăt
- 1 brânză de capră
- c/n brânză Chihuahua
- 1 conserve Pasta de rosii
- pentru a gusta Sare
- pentru a gusta Piper
- dupa gust de patrunjel uscat
- sa guste cimbru

Pași

1. Intr-o tigaie cu putin ulei de masline se pune carnea de fiert, se adauga ceapa si usturoiul tocat marunt...
2. ... se toaca ciupercile si se adauga in tigaie si se adauga condimentele, se adauga pasta de rosii...
3. ... cu un curățător de cartofi: tăiați dovlecelul în felii și rezervați, curățați ardeii poblano, radeți chihuahua și capra tăiați în bucăți mici, curățați frunzele de spanac...
4. ... scoateți cozile de la ardei iute și tăiați-le în formă de frunze...

5. Când carnea este gătită; Un pat de chili poblano se pune intr-un vas rezistent la cuptor, apoi tocanita de vita, apoi putina branza de capra, apoi spanac, un alt pat de branza chihuahua, un strat de felii de dovlecel, un pat de tocanita de vita.

   .... repeta tot ...
6. ... Pune un pat din toate...
7. ...repetați până terminați cu dovlecel și la final puneți brânză...
8. .....se da la cuptor 15 min la 160°C sau 8 min la microunde....gata!!!!!

7. PENNE CU SOS DE ROSII SI NAUT

ingrediente
- 1 catel de usturoi
- 2 morcovi
- 3 linguri ulei de masline

- ½ linguriță chimen
- 1 praf de piper cayenne
- 200 g roșii aglomerate (cutie)
- 50 ml crema de soia
- sare
- piper
- rozmarin uscat
- 250 g paste din grâu integral (penne)
- 100 g naut
- ½ linguriță pudră de turmeric
- 1 lingurita susan
- 1 mână de rucola

Etape de pregătire
1. Curățați și tăiați usturoiul. Curățați, spălați și tăiați morcovul.
2. Se incinge 2 linguri de ulei intr-o cratita, se calesc in ea usturoiul si morcovul timp de 5 minute la foc mediu, apoi se adauga chimenul, ardeiul cayenne si rosiile si se mai calesc inca 4 minute la foc mic. Adaugati smantana de soia si asezonati sosul cu sare, piper si rozmarin.
3. În același timp, fierbeți pastele într-o cantitate mare de apă clocotită cu sare timp de 8 minute conform instrucțiunilor de pe ambalaj. Apoi scurgeți apa și scurgeți apa.

4. Pentru a găti năutul, încălziți uleiul rămas într-o tigaie, adăugați năutul, turmericul, semințele de susan și căleți timp de 4 minute la foc mediu. Asezonați cu sare și piper. Se spală racheta și se usucă cu agitare.
5. Împărțiți pastele în boluri, acoperiți cu sos de năut și serviți cu rucola.

8. LASAGNE CU FIDEI (PASTE) Papioane SI SPIRALE

Ingrediente

- 350 grame carne macinata sau tocata
- 1 pachet taitei papion
- 1/2 pachet taitei spiralati

- 1 ceapă
- 1 morcov
- 2 plicuri sos de rosii
- 10 foi de brânză

Pași

1. Intr-o tigaie se caleste carnea impreuna cu ceapa, morcovul si condimentele, apoi se adauga sosul de rosii, ca un fel de sos bolognese 2. Fotografia pasului 1 din reteta Lasagna taitei (paste) papion si spirale.
3. Intr-o oala se calesc papionii impreuna cu spiralele in apa din abundenta si se adauga cateva foi de dafin, cand sunt gata, se toarna apa si se pastreaza pastele, pentru a le folosi mai tarziu.
4. Într-o tavă mare de copt puneți o cantitate mare de tăiței, apoi puțină brânză și adăugați sosul care va acoperi toate pastele până ajung

pe fund, apoi puneți din nou un strat subțire de tăiței.

5. Se pune un strat de branza pentru a termina si se coace 15 minute, se lasa 5 minute sa se odihneasca si este gata de servire!

9. Caserolă vegetariană cu tăiței

ingrediente

- 400 g paste integrale de grâu macaroane egb
- sare
- 1 praz praz
- 200 g broccoli
- 1 ardei rosu

- 100 g roșii uscate
- 4 ouă
- 100 ml lapte (3,5% grăsime)
- 100 g cremă de brânză
- 100 g branza rasa (ex. Emmentaler, gouda)
- piper
- nucșoară

Etape de pregătire

1. În apă cu sare, fierbeți macaroanele până când sunt tari pentru a le mușca, se scurg și se scurg. Prazul se spala si se curata, apoi se taie rondele. Pune 1 mână de inele de praz deoparte pentru ornat. Se spala broccoli, se despart buchetelele, se taie tulpina si se curata de coaja. Gatiti (albiti) impreuna timp de 2-3 minute in apa cu sare. Se stinge și se scurge puțul. Ardeii trebuie spălați și curățați și tăiați în bucăți mici. Tăiați fâșii împreună cu roșiile.
2. Se amestecă ouăle cu laptele, crème fraîche și jumătate din brânză. Se condimentează cu sare, piper și nucșoară.

3. Amestecați broccoli, prazul, ardeiul gras și roșiile cu pastele și puneți-le în patru vase de cuptor pentru o singură porție (sau într-un vas mare de copt). Se toarna peste ou-lapte, se presara cu restul de branza si se coace in cuptorul preincalzit la 180°C (cuptor ventilat: 160°C; gaz: nivel 2-3) pana se rumeneste aproximativ.
30 minute. Serviți cu prazul rămas stropit cu el.

10. LASAGNA DE SPANAC, RICOTTA, SUNCA SI MOZZARELLA (PASTE MATARAZZO)

Ingrediente

- Fidea lasagna Matarazzo - am folosit fara sa ma prehidratez
- Spanac
- Ricotta
- Sunca prajita
- Mozzarella sau branza rasa sau proaspata.
- Cremă de lapte
- Sos de rosii... (sau piure de rosii)
- Sare, condimente după gust

Pași

1. Amestecă spanacul fiert scurs... și ricotta... sare, piper, nucșoară... poți pune un ou... eu mănânc ricotta obișnuită... nu cea slabă... nu am adăugat... a fost cremos și umplutura s-a îmbinat...
2. Intr-o farfurie...in cazul meu un pyrex din sticla dreptunghiulara...se pune sos de rosii (eu am folosit piureul de rosii ca in cutie)...un strop de smantana (o folosesc pe cea usoara la gatit)...acoperă așa la fundul fântânii...
3. Apoi puneți farfuriile cu tăiței lasagna pe măsură ce vin în cutie... (dacă sunt pastele pe care trebuie să le hidrateze... ar trebui să le pună înainte să se hidrateze așa cum scrie pe cutie!) ... în cazul meu . .. foloseste fara hidratare... si grozav!! ... super practic!
4. Pune un strat de umplutură de ricotta și spanac... (împarte umplutura în 2... sunt 2 straturi de umplutură)
5. Deasupra umpluturii... puneti niste felii de sunca fiarta... si deasupra mozzarella rasa... daca nu aveti mozzarella... adaugati branza rasa... sau cascaval proaspat...

6. Apoi un altul capabil de tăiței (placile de lasagna) ... și încă un strat de umplutură de ricotta și spanac ... deasupra iar șuncă

   ... și apoi mozzarella rasă sau orice brânză pe care o folosiți...

11 CASEROLA DE PASTE ȘI CONOPIDĂ CU TOFU

Preparare: 20 min. Gata in 50 min

Valori nutritive

- Calorii 916 kcal (44%)
- Proteine 38 g (39%)
- Grasimi 47 g (41%)
- Carbohidrați 85 g (57%)
- zahăr adăugat 0 g (0%)
- Fibre 13,8 g (46%) ingrediente
- 1 conopida mica

- sare
- 200 g tofu afumat
- 1 lingurita ulei vegetal
- 400 g taitei cu panglica verde
- 1 rosie
- 150 g brânză vegană rasă
- ulei vegetal pentru matriță
- 50 g margarină vegană
- 2 linguri faina
- 250 ml crema de soia
- 120 ml bulion de legume
- piper de la moară
- nucșoară proaspăt rasă

Etape de pregătire

1. Conopida se spala si se taie buchetele. Timp de aproximativ 3 minute, se caleste in apa cu sare. Ridică-l, clătește-l în apă rece și scurge-l. Tăiați tofu-ul în cuburi mici și prăjiți-l până se rumenește în ulei încins.
   Scoateți și lăsați deoparte după aceea.

2. În apă clocotită cu sare, fierbe pastele și scurge-le cu 1-2 minute înainte de a se termina timpul de fierbere, apoi clătește cu apă rece și scurge. Roșia se spală, se scoate tulpina și se taie felii. Răziți grosier brânza.
3. Preîncălziți cuptorul la un foc superior și inferior de 200 ° C. Ungeți tava de copt. Încingeți margarina într-o cratiță, adăugați făina, prăjiți până se auriu la foc mic în timp ce amestecați. Adăugați încet smântâna cu supa de legume amestecând și aduceți la fierbere. Se condimentează cu sare, piper și nucșoară. Întindeți pasta cu tofu și buchețele de conopidă în vasul de copt și puneți deasupra feliile de roșii. Se toarnă sosul peste el și se stropește cu brânză. Gratinați în cuptorul preîncălzit pentru aproximativ 20 de minute.

12. LASAGNA TON CU PASTE DE CASA

Ingrediente

Pentru paste: 300 de grame de făină

- 3 oua
- Sare si un strop de ulei

umplut:

- Sos de rosii, ceapa prajita, praz, usturoi, ardei
- juliană și o sfeclă rasă, ton, măsline, brânză,
- oregano, smântână și unt

Pași

1. Pastele le facem amestecand bine, le lasam sa se odihneasca un sfert de ora acoperita.
2. Facem sos de roșii așa cum visăm să-l facem.
3. Eu nu am facut sosul cu ulei ci cu un strop de apa si sare. Odată prăjit, l-am scurs și l-am amestecat cu sosul de roșii, ton și măsline.
4. Tăiem pastele în trei bucăți și le întindem până devin cât mai subțiri.
5. Asamblarea este: puțin din amestecul de sofrito, paste, sofrito, smântână, sofrito paste, smântână, paste, sofrito, smântână, brânză rasă, oregano și câteva movile mici de unt.
6. O dam la cuptor nu stiu temperatura pentru ca am facut-o la cuptor cu lemne si o lasam pana vedem ca se topeste branza.

13. PASTE LASAGNĂ CU CROCHETE DE TORTILLA CU CALÇOȚI ȘI ȘUNCĂ

Ingrediente

- 800 g. Paste crochete Calçots cu șuncă serrano
- 500 ml. Crema de morcovi
- 100 g. șuncă Serrano în tacos
- Pudră de oregano
- Ulei de masline
- Cașcaval ras
- 9 lame de lasagna Pentru a găti:

- 3 litri apa
- 10 g. De sare
- 1 lingură mare de ulei de măsline

Pași

1. Acestea sunt cele două resturi. Pe de o parte paste crochete si pe de alta crema de morcovi cu aroma de cimbru. Se fierb 3 litri de apă cu sare. Cand incepe sa fiarba adaugam o lingura de ulei de masline si foile de lasagna. Se amestecă ușor și ușor pentru a nu se lipi. Gatiti 12-15 minute. Scoateți-le cu o lingură cu fantă și puneți-le în apă rece timp de 40 de secunde. Scurgeți pe o cârpă curată.
2. Asezati o baza de crema de morcovi stropiti cu ulei de masline si oregano uscat si deasupra asezati cele doua foi de lasagna. Deasupra vom aseza aluatul de crochete la care am adaugat inca 100 g de sunca Serrano.
3. Repetați operația, pentru a finaliza 2 înălțimi. Deasupra se intinde crema de morcovi si se presara cu oregano.
4. Adaugam branza rasa si dam la cuptorul preincalzit. Mai întâi la înălțime medie pentru a se încălzi totul și apoi deasupra pentru a gratina brânza.
5. Au iesit 2 tavi. 1 cu 6 foi și celălalt cu 3 foi. Bucurați-vă

14. LASAGNE DE PASTE RECHINI

Ingrediente

- 200 de grame de paste de rechin
- 400 de grame tocată
- 1 felie ardei rosu
- 1 ceapă
- 1 dinte usturoi dolofan
- 2 linguri faina de grau
- 400 ml lapte fierbinte
- 3 linguri de unt
- pentru a gusta Sare
- 2 linguri ulei de masline extravirgin
- 1 pahar de vin alb
- Roșii prăjite

Pași

1. Tăiați ardeiul și ceapa în bucăți mici. Zdrobiți usturoiul.
2. Intr-o tigaie punem uleiul de masline extravirgin, ceapa, ardeiul si usturoiul. Faceți un sos. Adăugați carnea tocată. Amesteca bine. Se adauga sare, vin alb, prajit. Lasă să facă.
3. În timp ce carnea se gătește, gătiți pastele.
4. Intr-o cratita punem untul, odata topit adaugam faina, amestecam pana obtinem un amestec omogen fara cocoloase. Adăugați sare, nucșoară și laptele fierbinte. Amesteca bine.
5. Turnați o parte din bechamel într-o tavă de copt.
6. Scurge pastele odată ce sunt gata.
7. Adăugați pastele peste sosul bechamel.
8. Adăugați carnea
9. Adăugați restul de bechamel
10. Pune branza dupa gust.
11. Serviți și plecați

13. Caserolă cu paste și varză

ingrediente

- 500 g paste integrale de grau (farfalle)
- sare
- 2 morcovi
- 500 g varză ascuțită (aproximativ 1/4 varză ascuțită)
- 2 linguri de unt
- 3 linguri ulei de masline
- 150 ml bulion de legume
- piper
- 100 g mozzarella rasa

Paşi

1.
- 2 tulpini de busuioc pentru ornat

Etape de pregătire

1. Gatiti pastele din grau integral in multa apa clocotita cu sare conform instructiunilor de pe ambalaj. Scurgeți și scurgeți.
2. Intre timp se curata morcovii si se taie in felii subtiri. Curățați varza ascuțită, tăiată în bucăți mici și spălată într-o strecurătoare.
3. Se incinge untul si uleiul de masline intr-o tigaie, se prajesc in ea varza ascutita si morcovii. Se deglasează cu bulion, se condimentează cu sare, piper și se fierbe la foc mediu până când lichidul a fiert. Se amestecă din când în când.
4. Se amestecă Farfalle cu legumele și se întinde într-o tavă de copt. Presărați brânză deasupra și puneți la grătar în cuptorul preîncălzit la 180°C (convecție 160°C; gaz: nivel 2-3) timp de 15-20 de minute. Se ornează cu busuioc.

16. RICOTTA LPASTE STIL ASAGNA

Ingrediente

- Paste Penne Rigote
- Carne de vită tocată
- sos pentru paste
- Unt
- făină
- lapte
- branza mozzarella
- parmezan
- ou
- sare de usturoi
- Piper

Pași

1. Paste Penne Rigote pentru gătit (500grms)
2. Tocăniți 500 de grame de carne măcinată asezonată cu piper, bulion de pui, sare de ceapă și sare de usturoi după gust
3. Se prepara un sos cu doua linguri de unt sarat, o lingura de faina si 3 cani de lapte, se da la foc mic pana se ingroasa sosul
4. Peste paste se toarnă 3 ouă omletă și se acoperă bine.
5. Puneti pastele intr-un bol si acoperiti cu sos de paste (se poate face cu piure de rosii si oregano)
6. Se pune patul de carne tocata de vita, se acopera cu sosul alb si se presara cu branza mozzarella si parmezan. Coaceți timp de 30 de minute.
7. Serviți porția și decorați cu coriandru sau pătrunjel și bucurați-vă!

17. LASAGNE CU PASTE MATARAZZO GATA

Ingrediente

- 250 g paste gata pentru lasagna Matarazzo
- 500 g spanac
- 400 g ricotta
- 300 g tocat
- 200 g sunca fiarta in felii
- 200 g brânză dambo în felii
- 4 cepe medii
- 2 conserve de roșii expert pentru sos
- 200 g crema de lapte
- 100 g brânză Reggiano de răzuit

Paşi

1. Înmuiați pasta de matarazzo așa cum scrie în cutie și dați cuptorul la minimum.
2. Se caleste o jumatate de ceapa, se adauga spanacul (fiart in prealabil) si ricotta. Asezonați cu sare și piper.
3. Într-o altă tigaie, căliți jumătate de ceapă, adăugați carnea și gătiți. Asezonați cu sare și piper.
4. Faceți un sos de roșii într-o tigaie mare cu cele două conserve de perita de roșii și cele două cepe rămase. Puteți adăuga și un ardei dacă doriți.
5. Se face un strat de paste gata matarazzo, deasupra se adauga preparatul de spanac, se acopera cu sos de rosii si smantana.
6. Adăugați un alt strat de paste, șunca fiartă, brânza lipită și acoperiți din nou cu sos de roșii și smântână.
7. Se adauga inca un strat de paste, iar preparatul de carne cu sos de rosii si smantana.
8. Se acopera cu ultimul strat de paste, iar deasupra cu restul de sos de rosii si smantana. Deasupra se rad cele 100 g de brânză reggianito.

9. La final, dați la cuptor pentru cel puțin 20 de minute. Se lasa putin sa se raceasca inainte de servire.

Serveşte 6 - 10 porții mari.

18. LASAGNE DE LEGUME CU PASTE PROASPATE

Ingrediente

Paste proaspete:

- 300 g faina
- 3 oua
- un praf de sare

Vegetal:

- O bucată de piper verde

- 1 morcov
- 1 felie ardei rosu
- 1 ceapa primavara
- 1 praz
- 1 vinete
- 1 dovlecel
- 150 g ciuperci
- 3 dinti Usturoi
- Mix de branza rasa 4 branzeturi
- piper, sare si ghimbir uscat

Pași

1. Tăiați bine legumele și braconați, adăugați piper, sare și ghimbir după gust și rezervați.
2. Framantam aluatul si il trecem de mai multe ori prin aparat ca sa fie finit.
3. Și apoi acoperim fundul cratiței cu legumele și stropim cu brânză rasă, acoperim cu paste, și așa mai departe mai multe straturi.
4. Facem un bechamel, presaram branza, dam la cuptorul preincalzit, pana cand branza se topeste si se rumeneste (depinde de fiecare cuptor).
5. Și tot ce rămâne este să plăcuți și să gustați acest preparat minunat.

19. Caserolă cu paste și cartofi cu ceapă

ingrediente

- 600 g cartofi
- 300 g taitei croissant
- 2 linguri patrunjel tocat
- 50 g unt topit
- sare
- piper
- Pentru turnare
- 400 ml lapte (înlocuiți 200 ml cu smântână dacă doriți)
- 4 ouă
- 100 g Emmentaler ras fin
- 2 cepe după dorință

- 4 linguri de unt clarificat
- 50 g Emmentaler donat

Etape de pregătire

1. Cartofii se curăță de coajă, se taie în bucăți mici și se pun la fiert în multă apă cu sare timp de 20 de minute. Urmând instrucțiunile de pe pachet, fierbeți pastele într-o cantitate mare de apă cu sare.
2. Între timp, amestecați amestecul împreună cu ouăle. Se condimentează laptele cu sare, piper și nucșoară și se adaugă brânza la amestec. Se toarnă jumătate dintr-un vas pentru a coace. Scurgeți și scurgeți bine cartofii și pastele, amestecați într-un bol cu pătrunjelul și untul, turnați în tava de copt, turnați laptele de ou rămas și acoperiți cu folie de aluminiu. Gatiti la 200° pentru aprox. în cuptorul preîncălzit. Timp de treizeci de minute.
3. Între timp, curățați ceapa, tăiați-o rondele subțiri și prăjiți-le până devin aurii în untul limpezit. Scoatem din cuptor caserola gata, acoperim, stropim cu branza si servim cu ceapa ornata.

20. TAVĂ DE PASTE ȘI BRÂNZĂ CU PRAZ

ingrediente

- 25 g miez de nucă (1 mână)
- 200 g paste integrale de grau (linguine)
- sare
- 1 praz praz
- 1 ceapă
- 250 g file de piept de pui
- 15 g unt (1 lingura)
- 200 g smantana de gatit (15% grasime)
- piper

- 1 lingurita maghiran uscat
- 100 g branza albastra (30% grasime in substanta uscata) Etape de preparare

1. Tăiați grosier nucile și prăjiți-le într-o tigaie încinsă fără grăsime la foc mediu timp de 3 minute. Scoateți și lăsați deoparte. Fierbe pastele în apă cu sare din abundență, conform instrucțiunilor de pe pachet, până când sunt tari la mușcătură. Apoi scurgeți și scurgeți.
2. În timp ce tăițeii se gătesc, curățați prazul, tăiați pe lungime și spălați bine sub jet de apă rece, tot între frunze. Se usucă și se taie totul în inele fine.
   Curăță ceapa și toacă mărunt.
3. Se spală pieptul de pui, se usucă și se taie fâșii. Se încălzește untul într-o tigaie mare. Adăugați carnea și prăjiți la foc mare aproximativ 3 minute. Adăugați ceapa și căliți timp de 2 minute la foc mediu. Adăugați prazul în carne și gătiți acoperit timp de 2-3 minute.
4. Se toarnă smântâna de gătit, se amestecă pastele și se condimentează totul cu sare, piper și maghiran. Tăiați brânza în bucăți mici, turnați peste paste și serviți pe farfurii cu nucă.

21. LASAGNE MIXTE (PUI, CARNE ȘI LEGUME)

Ingrediente

- 1 piept de pasare
- 1 kilogram carne de vită tocată
- 1 mănunchi de smog
- Usturoi, sare, boia de ardei, salsina
- 1 plic sos bechamel
- 1 plic sos bolognese
- 1 cutie paste lasagna
- 1/2 kilogram de brânză crăpată
- 1/2 kilogram de parmezan
- Oregano
- Forme pentru lasagna

Gatiti pieptul cu usturoi, sare si boia
2. Tăiați și gătiți mătgul cu sos
3. Gătiți ușor carnea de vită cu condimente, sare și boia de ardei.
4. Se caleste carnea pana se rumeneste.
5. Pregătiți sosul bechamel
6. Pregătiți sosul bolognese
7. Amestecați sosul bolognese cu carnea gătită timp de 3 minute la foc mediu
8. Se sfărâmă pecuga
9. Ungeți recipientele cu unt și stratificați pastele, brânza, carnea, puiul și legumele câte unul pe etaj, finisate cu parmezan și oregano.
10. Construiți podelele după bunul plac
11. Acoperiți cu folie de aluminiu și coaceți într-un cuptor preîncălzit la 180 ° timp de 15 până la 20 de minute.

Pași

1.
22. LASAGNE CU SOS CARBONARA, CIUPERCI SI PUI RASAT

Ingrediente

- 1/2 piept de pui
- 1 Plic Sos Carbonara
- 3 cani de lapte integral
- 125 grame ciuperci
- 250 grame lasagna
- 250 de grame de brânză Mozzarella
- 1 cub Supă de pui
- 1 lingura de pudra de coriandru
- două carcase din aluminiu pentru cuptor

Pieptul de pui se fierbe cu apa si cubul de supa de pui. timp de 15 minute pana vezi ca este deja fiert pe dinauntru si pe exterior. Se scoate din oală și bulionul -Se poate păstra pentru altă rețetă-. Puiul se toarnă și se rezervă.

2. Intr-un vas cu gura larga se pune apa, sarea si 1 lingura de ulei la incalzit pentru a gati lasagna si pentru a o putea imparti mai usor. Pentru o vreme nu mai......si le asezam pe o tava una cate una fara sa lipim...

3. Ciupercile cu 1 lingura de unt si sare se pun la fiert putin.

4. Intr-o alta oala in 3 cani de lapte integral amestecam bine sosul carbonara la temperatura camerei si il punem pe aragaz pana da in clocot si se ingroasa si adaugam praf de coriandru.

5. Deja! Totul este gata și gătit: acum asamblați lasagna în felul următor: Fiecare coca se unge cu unt pe toate părțile, un sos carbonara pentru paste tăiat în jumătate, apoi brânza, puiul mărunțit, alte paste, sos carbonara, ciuperci, paste, brânză, sos carbonara, pui si tot asa .. Pana se termina.

Pași

1.

23. LASAGNE DE VINETE

Ingrediente

- două auberge
- 1 kilogram carne de vită tocată
- 2 cani de sos bechamel de conopida
- 2 cani de pasta de rosii
- 250 de grame de brânză

Tăiați vinetele felii și puneți-le în apă cu sare timp de 20 de minute, apoi scoateți-le, uscați-le și grătarul pe ambele părți timp de 3 minute.
2. Odată ce vinetele sunt prăjite, faceți lasagna. Se pune un strat de sos bechamel de conopida, felii de vinete, pasta de rosii, carne, am lasat si iar felii de vinete. Continuați până când ingredientele sunt terminate, terminați cu brânză.
3. Gata lasagna la cuptor pentru 20 de minute. Gata, servește și bucură-te.

24. LASAGNE MIXTE

Pași

1.

Ingrediente

- 500 de cereale paste pentru lasagna
- 600 de grame de piept dezosat
- 600 grame crema de branza
- 3 foi de dafin
- 1/2 ceapă
- Sare si piper
- 3 oua

Pentru sosul bolognez

- 1 morcov
- 2 dinti Usturoi
- 1 ceapă
- 300 de grame de roșii
- 1 cană de vin roșu
- Pentru bechamel

- 80 de grame de făină de grâu
- 1/2 cană lapte
- 30 de grame de unt
- 2 căni de supă de pui

Pași

1. Se pune pieptul de pui la fiert, cu ceapa, dafin, sare si piper dupa gust
2. Puiul se marunti, si se trece bulionul prin strecuratoare, se pune bulionul la foc mic, in timp ce se pregateste un roux usor, se adauga laptele in bulion si se amesteca in continuu rouxul, pe masura ce s-a ingrosat adauga puiul.
3. Intr-o tigaie se caleste usturoiul, apoi se adauga ceapa cubulete, telina cubulete, morcovul cubulete, se adauga vinul si se lasa sa se evapore odata ce acest sos adauga carnea si rosiile si se fierbe. Rectifică sarea și adaugă culoare și chimen.
4. Se rade branza si intr-un castron se bat ouale
5. In forma se pune un strat de paste, un strat de pui si branza, un strat de paste si un strat de carbonara, iar Ana strat de paste, branza din belsug si ou. Se coace 20 de minute la 180 de grade.

25. LASAGNA TIGIATA CU PUI

Ingrediente

- Paste lasagna
- Spanac
- Roşii deshidratate
- Supa de pui
- 1/3 cană de lapte integral sau smântână groasă
- In cazul in care folosesti lapte integral 1 lingura de faina de grau
- dupa gust Sare si piper
- 2 dinți usturoi zdrobit
- parmezan
- Brânză Mozarella

Pentru pui

- Piept de pui
- Paprika
- dupa gust Sare si piper
- Oregano uscat
- 1/2 lingura suc de lamaie

Pași

1. Intr-o tigaie preincalzita adaugam ulei de masline si apoi adaugam pieptul de pui taiat cubulete, impreuna cu boia de ardei, sare si piper, oregano si zeama de lamaie. Lasam la fiert la foc mic pana cand puiul devine auriu pe ambele parti.
2. Intr-o alta tigaie vom adauga uleiul de masline si cand este incins adaugam spanacul si usturoiul, cand usturoiul capata culoare adaugam rosiile uscate si cateva secunde mai tarziu vom adauga bulionul de pui. , sare si piper si laptele sau crema de lapte, amestecam totul foarte bine pana se integreaza totul si va fi timpul sa adaugam pastele lasagna taiate bucatele, acoperim tigaia si lasam sa fiarba la foc mic si odata ce este, adaugam. branza mozzarella.

3. Cand branza mozzarella s-a topit este timpul sa servim. Intr-o farfurie adanca punem amestecul de paste si smantana, adaugam puiul cubulete si la final adaugam parmezanul.

26. LASAGNA DE POLLO, A LA TAZA ...!

Ingrediente

Pentru umplutura:

- 1 cana piept fiert, maruntit
- 3/4 cană de sos roşu
- 1 lingura pasta de usturoi
- 50 de grame de brânză mozzarella rasă
- pentru a gusta Oregano
- 3 foi de lasagna ondulata
- Sos roşu în cartea mea de bucate
- pentru a gusta brânză Mozzarella
- Oregano

- Ulei de masline

Pași

1. Gatiti pieptul, maruntiti-l, radeti branza mozzarella, amestecati branza, puiul, pasta de usturoi si sosul de paste rosii, in caietul meu de retete cu oregano, rezervati. Gatiti pastele al dente. Asamblați rulourile: puneți o foaie de paste, umpleți-o cu pui...
2. Așezați o altă foaie, umpleți și acoperiți, rulați strâns.
3. Așa cum este de apreciat. Luați o ceașcă sigură pentru cuptorul cu microunde și doar puneți rulada de lasagna. Se lac cu putin ulei de masline, se adauga branza mozzarella rasa, sos rosu, oregano...
4. Puneti rulada in cana, adaugati sosul rosu, branza mozzarella, oregano si menta dupa gust...
5. Pune la microunde 3 minute și voila...! Întoarceți ceașca pe o farfurie, 2 lovituri să cadă lasagna și să savurați, atât de ușor, atât

de repede, e o bucurie, în bucătăria mea ca să o încerce acasă.

27. LASAGNE DE DOVLECEI SI ROSII

Ingrediente

- 16 foi de paste lasagna
- 3 dovlecei
- 4 roșii
- 1 ceapă
- 3 căni de sos bechamel
- 2 linguri de unt
- 1 lb brânză mozzarella
- sa gusti parmezan

Pași

1. Înmuiați foile de lasagna. Pregătiți sosul bechamel. Tăiați dovleceii în cuburi și căleți-i în unt
2. Taiati ceapa cubulete si caliti, adaugati si rosiile taiate cubulete. Se adaugă la dovlecel și se amestecă.
3. Pentru lasagna se pune mai intai sosul bechamel, apoi un strat de legume, branza mozzarella, se repeta acest pas de inca 4 ori, se termina cu bechamel si parmezan. Se coace la 220 C timp de 20 de minute
4. Se lasa la gratinat si se serveste foarte fierbinte. Pentru o altă variantă puteți adăuga slănină, ton sau șuncă la legume.

28. LASAGNE

Ingrediente
- piept de pasare
- carne de vită măcinată sau mărunțită
- după gust Roșii coapte
- Pasta de tomate
- Ceapa mare
- Cepa
- Cremă de brânză dublă
- Cimbru și dafin
- Paste lasagna
- Sare piper și Magui
- Sos Bechamel

Pași
1. Puiul și carnea se gătesc într-un recipient cu cimbru și dafin; intre timp intr-un alt

recipient se pun rosiile la fiert cu putina sare si un praf de bicarbonat cu putina apa.
2. Ceapa se toaca marunt, atat lunga, cat si cea mare, si se caleste la foc mic.
3. Dupa ce rosiile sunt fierte bine se pregatesc sa le lichefieze si se adauga la ceapa prajita in prealabil cu o cantitate de pasta de rosii iar daca vreti pentru o aroma mai buna adaugati putina din apa in care s-au fiert carnea sau puiul, Magui to gust, usturoi, sare, piper și o foaie de cimbru și dafin.
4. Pe de altă parte, pastele pentru lasagna se pregătesc în apă fierbinte până se obține o textură moale și carnea de pui și carnea se toarnă în recipiente separate.
5. Dupa ce avem toate cele de mai sus, trebuie sa adaugam tocanita in carne si pui in cantitati dupa gust si trebuie sa asamblem lasagna.
6. In recipient se pune un strat de paste pentru lasagna si se adauga putin sos bechamel, continuam cu un strat de branza si un strat de carne, din nou un strat de paste cu sos bechamel si branza urmat de un strat de pui si asa pe. pana se obtin straturile dorite si se termina cu un strat de paste si un strat dublu de branza cu sos bechamel si coacem 25 de minute.

29. LASAGNE DE VINETE CU CARNE MASINATA DE VITA

Ingrediente

- 1-2 vinete daca sunt mari. Daca sunt mici cam 6
- 1 kg de carne măcinată cu pregătirea ei corespunzătoare
- Pasta de tomate
- Oregano
- Dafin
- Unt
- Usturoi
- Sare
- Branza mozzarella
- parmezan

Pași

1. Dacă doriți, puteți curăța puțin vinetele și apoi le puteți tăia în felii. Aceste foi se scufundă în apă cu usturoi macerat în prealabil.
2. După aceasta, se scurg înainte de a fi prăjite în unt pe ambele părți, în timp ce sunt gata de asamblat ulterior. Daca sunt scoase din apa tind sa devina amare, motiv pentru care dupa ce sunt taiate trebuie adaugate cu sare si intrate in apa.
3. Carnea tocata trebuie sa fie suculenta cu pasta de rosii si in plus sa o pregatesti dupa gust, cu amestecul de legume la alegere, fara a uita sa adaugi oregano, dafin si sare.
4. Avand totul gata, matrita se unge si se asambleaza, mai intai un strat de vinete, urmat de un alt strat de carne macinata si branza mozzarella si tot asa pana se termina cu un strat de vinete iar deasupra se lasa branza mozzarella si parmezan daca sunt doriti.
5. Aceasta matrita se coace la 160° timp de 30 de minute, se lasa sa se odihneasca si va fi gata de savurat.

30. LASAGNE AMIX, CU BRANNZĂ ȘI SOS DE USSturoi

Ingrediente

- Sos de brânză cu usturoi (rețetă de mai sus)
- 1 kilogram carne de vită tocată
- După gust Boia de ardei, piper, turmeric, usturoi și sare
- 1 1/2 cană apă
- 12 foi de paste pentru lasagna
- 12 pieţe de peşte parmezan

Pași

1. Intr-un bol se caleste carnea tocata cu condimentele, cand este bine fiarta se adauga apa si 2 linguri de faina. Gust aroma. Odata ce este bine fiert si incepem sa asamblezi lasagna.
2. In vasul de copt se intinde un prim strat de sos de usturoi si branza, apoi pastele, branza si sosul cu carne de colida
3. Repetați straturile în funcție de cantitatea de ingrediente pe care o aveți, terminând cu brânză. Se coace la 180 de grade timp de 25 de minute. Am scăpat de sub control la timp.

31. ROLA DE LASAGNE UMPLUTĂ CU MORTADELLA ȘI BRÂNZĂ MOZZARELLA

Ingrediente

- Paste cu 7 lame, tăiate în jumătate
- 14 foi sau felii de mortadela de porc (pui, curcan)
- 14 bețișoare de brânză mozzarella
- Sos roșu pentru paste în cartea mea de bucate
- pentru a gusta brânză Mozzarella
- sa gusti parmezan
- după gust Oregano și boia dulce
- Seminte de mac
- Ulei de masline
- Unt pentru a lăcui matrița

Pași

1. Se fierbe apa cu un praf de sare si 1 lingura. de ulei vegetal, se adauga foile de lasagna si se fierbe al dente aproximativ 10 minute. Scurgeti si rezervati fara a le pune peste celelalte pentru a nu se lipi. Asamblați pachetele de mortadella cu brânză înăuntru și închideți.
2. Apoi rulați-le cu foaia de paste așa cum se arată în fotografie. Lăcuiți forma aleasă cu unt și puneți rulourile după gust. Scăldați cu sosul roșu generos.
3. Adăugați feliile de brânză mozzarella, parmezanul, oregano și boia dulce cu semințele de mac. Un strop de ulei de măsline nu doare deloc. Preîncălziți cuptorul la 200 de grade C pentru 10 minute. Coaceți aproximativ 20 de minute sau până când brânza este gratinată. Scoatem din cuptor si cu ajutorul unei spatule, fara sa se arda, scoatem prima portiune. Uffffffff...!
4. Nu-ți poți imagina de unde știi asta, așa că surprinde-mă și dă-mi inimioare. Ei stiu ca ii iubesc, cu pasiune...!!

32. LASAGNE SPECIALE

Ingrediente

- 1/2 lb carne de vită tocată
- 1/2 lb carne de porc măcinată
- 6 fasii de bacon
- 1 cutie de paste lasagna (pre-fierte)
- 1/2 lb brânză mozzarella
- 1 ceapă albă cu cap mare
- 3 roșii roșii mari
- 1 cană de ciuperci
- 1 cană pastă de tomate
- 50 de grame de unt
- 60 de grame de făină de grâu
- 1 l lapte
- parmezan
- dupa gust Oregano, dafin si cimbru

Pași

1.
   - Sare si piper
   Ceapa se toaca marunt si se caleste in unt, se adauga carnea si se caleste la foc mic.
2. Taiati baconul in bucatele si rosiile taiate cubulete, adaugati la carne
3. Adăugați oregano, dafin și cimbrul, tăiați ciupercile în felii și adăugați-le în carne, fierbeți câteva minute
4. Se adauga pasta de rosii si se da la fiert, se ingroasa sosul adaugand 2 linguri de faina de grau dizolvata in apa, important este sa adaugam faina lasand-o sa cada intr-un fir si amestecand in acelasi timp sa nu se formeze cocoloase. .
5. Pregătiți un sos bechamel. Punem untul (40 gr) intr-o oala la foc mic pana se topeste, adaugam faina (60 gr) deodata, amestecam cu untul, adaugam laptele si amestecam foarte bine pentru a nu forma cocoloase, sare si piper. Acoperiti cu hartie cerata sa nu formeze crema.
6. În timp ce se pregătesc sosurile, punând pastele lasagna în apă, le face mai ușor de gestionat. Pentru a asambla lasagna, puneți mai întâi un strat mic de sos, apoi paste lasagna.

7. Se pune un strat de sos, brânză mozzarella, sos bechamel. Repetați pașii până când mucegaiul este umplut
8. Ar trebui sa aveti intre 4 si 5 straturi de paste, sa terminati cu sos si parmezan, sa coaceti pana cand pastele sunt fierte, conform instructiunilor producatorului, aproximativ 10 - 20 de minute, depinde de tipul de paste pe care o folositi. Vă propun grâul dur. Se da la gratinat si se serveste fierbinte.

33. LASAGNE DE BANANA COAPTE

Ingrediente

- două banane coapte
- 500 g amestec carne de vită și porc
- două roșii roșii
- 2 tulpini de ceapă de ramură
- 1/2 ceapa rosie
- 1/2 ceapa alba
- 200 g pasta de tomate
- Sare
- ulei
- branza mozzarella
- sa gusti parmezan

Pași

1. Tăiați bananele în felii subțiri. Încinge o tigaie cu ulei din abundență și prăjește feliile de banane timp de un minut pentru fiecare parte
2. Ceapa si rosiile se toaca marunt si se rumenesc intr-o tigaie cu putin ulei, sare si piper, se calesc si se adauga carnea pana se rumeneste.
3. Luați o formă potrivită pentru cuptor, și tapetați baza cu feliile de banană, apoi brânza și carnea, Repetați secvența până când recipientul este plin. Terminați cu un strat de brânză și altul de parmezan.
4. Coaceți timp de 30-35 de minute la 180 ° C / 350 ° F.

34. LASAGNE DE CARNE

Ingrediente

- 2 portii
- 500 gr carne de vită tocată
- 6 felii de branza
- 4 farfurii lasagna
- pentru a gusta Mustar
- pentru a gusta Pastă de tomate
- pentru a gusta Pasta de usturoi
- dupa gust Sare si piper
- sa guste patrunjel

Pași

1. Prăjiți carnea cu sare și piper la foc mediu
2. Se adauga patrunjel, mustar, pasta de rosii si amestec de pasta de usturoi
3. Intr-o cratita cu apa fiarta se inmoaie taiteii lasagna
4. Fotografie de la pasul 3 al rețetei de lasagna cu carne
5. Asamblați lasagna cu paste, carne și brânză pe strat
6. Se coace 30 de minute la 180 de grade
7. Și să te bucuri

35. LASAGNE DE PUI ȘI ȘUNCĂ

Ingrediente

- 2 linguri ulei
- 3 linguri de sare
- 1 ceapa mare
- 1/2 piept de pasare
- 1/4 kg făină
- două bucăți mici de unt
- 1 litru de lapte
- 10 felii de brânză mozzarella
- 10 linii de șuncă
- Piper
- două baloturi de paste lasagna

Pași

1. Se pune pieptul la fiert si se adauga un strop de sare, ceapa in cantitate foarte mica se toaca cruda, intr-un recipient separat se pregateste untul cu putin ulei sa nu se arda, cand este topita se adauga un portie de faina si cand este umflat este deja fiarta se adauga un pahar de lapte, apoi se adauga putin piper si sare, se toaca puiul in bucati mici precum sunca, intr-un bol asezam sosul, apoi puiul, sunca si ceapa cruda
2. Brânză feliată, apoi mai mult sos cât să scăldă totul, încă un strat de paste, mai mult pui, șuncă, ceapă crudă și brânză, din nou baia de sos și la sfârșit încă un strat de paste, bucăți mici de pui, șuncă, presați și înveliți. folie, copta la 375 de grade si gata de gust.

36. LASAGNE DE CARTOF ȘI FASOLE

Ingrediente

- 400 gr cartofi felii
- 6 felii de brânză mozzarella
- 150 gr fasole
- 100 gr ceapa alba
- 120 ml crema de lapte ⬜ 50 ml pasta de usturoi
- dupa gust Sare si piper

Paşi

1. Tăiaţi cartofii şi ceapa în felii
2. Amestecaţi smântâna groasă, piperul şi pasta de usturoi cu un praf de sare
3. Asezati primul strat cu baza de cartofi, crema de ceapa si branza
4. Al doilea strat, cartofi, fasole, smântână şi brânză
5. Se coace la 180 de grade acoperit timp de 30 de minute
6. Coaceţi 20 de minute neacoperit

37. TOFU ASIATIC CU FIDEI SOBA

Ingrediente pentru 2 portii:
- 2 portii de taitei soba
- 1 cub (180 g) de tofu natural sau afumat
- 1 ceapă albă mică
- 1 ceapa primavara
- 1 catel de usturoi
- 1 morcov mediu
- 2 căni de buchețe mici de broccoli
- ¼ cană de sos de soia
- 2 lingurite de zahar brun

Paşi

1.
   - ⅓ cană de apă

- 3 linguri ulei
- sare, piper dupa gust proces

1. Tofu se taie in batoane inguste si se prajeste intr-o tigaie in ulei incins pana devine auriu si crocant pe ambele parti - de preferat nu-l misca, doar asteapta cu rabdare si vezi cum sfaraie. Puneți tofuul finit într-un castron și aveți grijă de sos.
2. Prăjiți usturoiul și ceapa tocate în aceeași tigaie cu care ați pregătit tofu. Adăugați sos de soia, zahăr brun și apă. Se aduce la fierbere, apoi se reduce focul și se lasă excesul de lichid să se evapore încet. Sosul trebuie să fie puțin redus.
3. Între timp, gătiți pastele.
4. Se pune tofu prajit pe tigaia cu sosul si se amesteca bine astfel incat sa se acopere tot cu sosul. Adăugați la el buchețele mici de broccoli și morcovi răzuiți pe plasă grosieră sau mandolină.
5. Transferați pastele în cutia de prânz, turnați sosul din tigaie într-un recipient separat și luați-le pe toate cu tine la lucru.

Pași

1.
38. LASAGNE MIXTE PUI ȘI CARNE

Ingrediente

- 500 gr carne de vită tocată
- 500 gr piept tocat
- 1000 gr ceapa mare
- 200 gr roșii
- ---- Paste lasagna
- 1 plic Maggie Bolognese Base
- 1 plic Baza de pui Maggie cu ciuperci
- Branza tocata pentru gratinare
- 4 forme de lasagna din aluminiu

Amestecați roșia și 500 g de cap mare, adăugați-o în carnea tocată și gătiți.

2. Amestecați baza de sos Maggie Bolognese cu puțină apă (jumătate de pahar) și adăugați-o în carne, lăsați-o să fiarbă și îngroșată.
3. Se iulenesc restul de 500 g de cap mare, se calesc pana se rumenesc si se adauga puiul.
4. Amestecați plicul de bază de pui cu ciupercile și adăugați-l în pui, lăsați să fiarbă până se îngroașă, acesta se omogenizează cu puțină apă (jumătate de pahar)
5. Gatiti pastele pentru lasagna aproximativ 3 minute in apa cu sare, scoateti-le si lasati-le sa se raceasca in apa la clima care va ajuta pastele sa se extinda si sa fie mai al dente.
6. Acum continuați să modelați sau să plăcuți.
7. Carnea, brânză, pastele, pui, brânză, pastele, carne sunt stratificate din nou și acoperite cu brânză.
8. Se da la cuptor pana cand branza se rumeneste daca nu ai cuptor cu grill in cuptorul cu microunde poti si.

Pași

1.
39. LASAGNA DE PUI SOS ROSIU (RAGÚ)

Ingrediente

- 500 de grame de paste lasagna prefierte
- 3 piept de pui
- 500 de grame de brânză mozzarella tăiată cubulețe
- 100 grame parmezan ras
- ---- Pentru sos
- 1 lb morcov
- 1/2 lb ceapă albă cu cap mare
- 1 conserve Pasta de rosii
- 1 lingura zahar
- 2 linguri faina de grau
- Oregano, dafin, cimbru, usturoi, muștar, sare și piper

Tăiați pieptul cubulețe, marinați-le cu usturoi, muștar, sare și piper. Se taie o jumatate de ceapa mica, se caleste putin si se adauga puiul, se lasa pe foc pana este bine fiert.

2. Morcovul se curata de coaja si se taie bucatele mari, se taie ceapa mare si se amesteca cu apa, dafin, cimbru, oregano si apa. Se pune la foc mic, se lasa sa se reduca, se adauga sare si piper, se rectifica aromele si se adauga faina dizolvata in apa sa se ingroase putin sosul, se amesteca bine sa nu se formeze cocoloase.

3. Pentru a asambla lasagna, adăugați mai întâi sos roșu într-o formă de pyrex sau de aluminiu, astfel încât să acopere fundul recipientului

4. Puneti un strat de paste (chiar daca sunt prefierte, eu de obicei le hidratez, le face mai usor de manevrat)

5. Acum încă un strat de sos și brânză de pui și mozzarella

6. Repetați operația până când matrița este completă. O lasagna buna trebuie sa aiba 5

Paşi

1.
   straturi de sos, sa se termine cu sos si parmezan, se coace la 220 C timp de 15 pana la 20 de minute.
   Se serveste fierbinte

40. LASAGNE DE CARNE

Ingrediente

- 300 paste pentru lasagna
- 300 grame pasta de tomate
- 400 de grame de brânză dublă tocată
- 300 de grame de brânză mozzarella rasă
- 2 kg carne de vită tocată
- 1 ceapă mare mare
- Cimbru
- Dafin
- Sare

- Piper

Pune pasta de rosii, ceapa, 3 crengute de cimbru fara trunchi in blender, sare si piper dupa gust, proceseaza.
2. Se prepară sosul într-un bol cu amestecul, carnea și câteva foi de dafin, se fierbe, amestecând timp de 10 minute și se scot foile de dafin.
3. Puneti foile de paste in apa fierbinte una cate una timp de 5 minute sau pana sunt bine hidratate.
4. In forme pentru lasagna se aseaza o foaie de paste, un strat de carne si o foaie de branza doublecream tocata, trei straturi egale unul peste altul, se termina cu o foaie de paste si se acopera cu branza mozzarella rasa.
5. Se coace 20 de minute la 180 de grade Celsius.

Pași

1.
41. LASAGNA DE PUI ÎN SOS BÉCAMEL

Ingrediente
- 1 piept de pui
- 1/2 ceapa alba
- 3 dinti Usturoi
- 2 linguri de unt
- 1 cutie sau un kilogram de paste pentru lasagna
- 1 pahar lapte integral
- 2 linguri faina de grau
- 1 cană bulion de bază unde a fost gătit pieptul
- 1/2 lingurita nucsoara
- 1 lingurita busuioc
- 1 lingurita oregano
- dupa gust de sare si piper
- 1 crenguță Rozmarin
- 450 de grame de brânză mozzarella

- 1 foaie de dafin

Paşi

1. Se fierbe pieptul in apa asa: doua crengi de telina, 1/2 morcov, 1/2 ceapa alba, doi catei de usturoi, rezervati bulionul.
2. Sosul bechamel se face astfel: intr-un recipient sau blender adauga laptele, faina de grau, nucsoara, piperul si sarea.
3. Topiți untul într-o tigaie.
4. Se adauga ceapa si usturoiul tocate marunt.
5. Adăugați amestecul pentru sosul bechamel.
6. Adaugam foaia de dafin, oregano si busuiocul, fierbem doua minute, cand incepe sa se ingroase.
7. Adăugați puiul și amestecați pentru a amesteca aromele.
8. Adăugați 1/2 cană de bulion.
9. Într-un loc refractar, puneți primul strat de paste.
10. Adăugați cealaltă jumătate de bulion și primul strat de pui.
11. Un alt pat de paste.
12. Brânză mozzarella rasă.
13. Mai multe paste și mai mult pui și așa mai departe până la construirea a trei etaje.
14. Etajul superior este acoperit cu brânză.
15. Se coace 20 de minute la 220 de grade Celsius.
16. Apoi gratinați timp de 5 minute. servi

42. LASAGNE DE PUI

Ingrediente

- 100 grame faina
- 1 piept de pui
- parmezan
- 1 litru de lapte
- 1 bar Unt
- Sare
- Paste lasagna
- Sticlă refractară

Pași

1. Gatiti pieptul cu sare si usturoi dupa gust.
2. Pastele se dau cateva minute in apa clocotita si se scot.

3. In blender amestecam laptele, faina, untul, un praf de sare si daca iti place putina crema de lapte, (se amesteca pana se incorporeaza toate ingredientele) se da la foc pana se ingroasa.
4. În refractar se pune un strat de paste, apoi un strat de pui mărunțit, un strat de brânză și amestecul anterior, din nou un strat de paste și tot așa până se înalță două-trei straturi.
5. Încinge cuptorul pentru aproximativ 5 minute și apoi aduce vasele pentru 45 de minute la 140 de grade.
6. La final scoateți lasagna din cuptor și savurați.

43. PASTE DE MĂZARE VERDE CU ROGULA

ingrediente

- sare
- 250 g penne din mazăre verde
- 90 g rucola
- 5 linguri măsline negre fără sâmburi
- 125 g mozzarella
- 2 linguri ulei de masline
- 1 lingura otet balsamic
- 1 linguriță amestec de condimente Aglio-e-olio
- piper
- praf de boia iute
- 2 linguri amestec de miez

Etape de pregătire

1. Aduceți 2 litri de apă la fiert, sare și fierbeți mazăre în ea timp de 6 minute. Apoi se scurge, se scurg si se lasa sa se raceasca.
2. Între timp, curățați rucola, spălați și uscați-o. Măsline feliate. Scurgeți mozzarella și tăiați-o cubulețe.
3. Amestecați dressingul cu ulei de măsline, oțet, sare, Aglio-e-olio, piper și praf de boia. Adăugați puțină apă dacă doriți.
4. Amestecați penne cu rucola, presărați cu amestec de măsline, mozzarella și sâmburi și stropiți cu dressing.

44. LASAGNE FARA CUPTOR

Ingrediente

- foi de paste lasagna (8)
- Piept de pasare
- Carne de vită tocată
- două roșii
- Pasta de rosii sau sos de rosii
- două ceapă mare
- Usturoi tocat
- Culoare
- Brânză tocată
- Cașcaval ras
- Sare

Paşi

1. Gatiti pieptul si apoi maruntiti-l si apoi prajiti-l cu rosii si ceapa taiata cubulete, adaugati usturoi si sare dupa gust si o nota de culoare.
2. Se procedeaza la fel si cu carnea tocata, se caleste si se prajeste cu rosii, ceapa, usturoi si sare (eu am adaugat putin pesmet sau puteti folosi paine prajita) apoi amestecati carnea deja fiarta cu pieptul pe care il facesem anterior.
3. Într-o tigaie la foc mic, adăugați pasta de roșii sau sosul la amestecul de carne și pui și lăsați timp de aproximativ 5 minute.
4. Pentru a găti pastele lasagna, puneți o oală cu apă la fiert, când dă în clocot adăugați foile pentru cel mult 5 minute, făcându-le să se înmoaie și așezați-o orizontal și vertical pentru a nu se lipi. Scoateți pastele și puneți fiecare separat în aluminiu pentru a nu se lipi
5. Pe o tigaie incepem sa pregatesti lasagna, strat cu strat, proteinele, branza tocata si pastele. La ultima se adauga cascavalul ras, se acopera 5 minute pana se topeste si gata.

45. LASAGNE DE CARNE FARA CUPTOR

Ingrediente

- 1 ardei verde
- 1 ardei roșu
- 1 morcov
- 2 dinti Usturoi
- două cepe mari
- 1 1/2 cutie piure de roșii
- 1 pachet aluat de lasagna
- 500 ml sos bechamel
- 400 gr carne tocata de vita
- 400 gr carne de porc macinata
- 400 gr crema de branza
- 100 gr parmezan

Pași

1. Tocați legumele
2. Intr-o oala pune putin ulei si unt la incalzit
3. Se adauga apoi ceapa, ardeiul si usturoiul
4. Cand este fiert (ceapa transparenta) adaugam morcovul si piureul de rosii
5. Adăugați carnea de vită tocată, despărțindu-se prin bucăți mici
6. Adaugati condimentele dupa gust, eu am folosit: dafin, sare, bulion de legume, oregano, ardei rosu si piper negru
7. Se amestecă totul și se fierbe aproximativ 1 oră, astfel încât ingredientele să fie bine integrate. Se amestecă din când în când
8. Acest pas este doar daca vreti sa faceti lasagna fara cuptor, sau folositi cuptorul doar pentru a o rumeni: puneti apa la fiert intr-o oala cu sare si ulei si adaugati pastele cate una.
9. Asamblați lasagna!
10. Puneți puțin din sos apoi pastele care acoperă refractarul sau tigaia, puneți un strat generos de sos, cremă de brânză și repetați din nou

11. Puneti ultimul strat de paste, adaugati sosul alb, crema de branza si parmezanul
12. Daca ai cuptor il poti baga cateva minute pentru ca branza sa se topeasca si sa se rumeneasca.

46. TORTA DE BANANE

Ingrediente

- 3 banane coapte
- 4 sandvișuri Veleños
- 7 felii de crema de branza
- 7 forme mici pentru lasagna

Pași

1. Alegeți 3 banane coapte, curățați-le și gătiți-le cu suficientă apă.
2. Gatiti banana pana devine moale. Se piureează bananele, se ung formele cu unt.
3. Adăugați un strat subțire în formă și tăiați benzi de sandwich.
4. Adăugați un alt strat de piure de banane și adăugați o felie de brânză. Se coace până când brânza este aurie, se servește și se însoțește prânzul.

47. CREPE DE CARNE CU SALATA

Ingrediente

- 3 ramuri de telina
- 5 căpșuni
- 1 crema de lapte
- 1 iaurt cu conținut scăzut de grăsimi
- 1 măr verde tăiat cubulețe
- Opțional: arahide măcinate sau susan)
- Paste lasagna
- 250 grame carne de vită tocată
- Legume amestecate (alberga, morcov, fasole) fierte
- Pasta de tomate
- Brânză țărănească sau cu conținut scăzut de grăsimi

Pași

1. Gatiti carnea intr-un vas cu apa cu sare si piper dupa gust.
2. Cand carnea este gata se amesteca cu amestecul de legume si pasta de rosii.
3. Gatiti pastele lasagna timp de 10 minute.
4. Se asambleaza crepa cu 3 straturi de lasagna si 2 de carne (Optional se adauga sunca sau branza intercalar) iar intre straturi se adauga crema de lapte si deasupra branza rasa si se

acopera complet cu crema de lapte. Se da la cuptor pana se obtine consistenta dorita a pastelor. Recomandat 20 min.
5. Tăiați țelina, mărul, căpșunile, tăiate cubulețe, zdrobiți alunele și amestecați totul cu iaurtul și jumătate din crema de lapte.

48. LASAGNE DE CARNE

Ingrediente

- 1 pachet lasagna sau taitei wonton
- 250 gr branza mozarrona rasa
- Sos Bechamel
- 1/2 litru de lapte
- 1/4 cană făină
- 1 lingurita Piper

- 1/2 lingurita nucsoara (optional)

Pentru a gusta Sare

- Sos de carne
- 1/2 Kg carne macinata speciala
- 1 lingurita Piper
- 1/2 lingurita chimen
- 1 linguriță ajinomoto
- 1/2 cană ceapă
- 1/4 cană ulei
- 1 plic Pomarola

Pași

1. Pentru a prepara sosul de carne se adauga uleiul si ceapa la prajit. Apoi puneți carnea, ardeiul, chimenul și fierbeți până când carnea este gata. La final se adauga sosul Pomarola si ají-nomoto. Luați de pe foc și rezervați.
2. Pentru a pregăti sosul alb, aduceți laptele la fiert și adăugați treptat făina, amestecând amestecul. Adăugați sarea, piperul și nucșoara în timp ce amestecați amestecul până se îngroașă. Luați de pe foc și rezervați.
3. Puneți tăițeii sau aluatul wonton în apă fierbinte timp de 30 de secunde, îndepărtați

și așezați pe o suprafață separată sau o cârpă de bucătărie fără a se suprapune.
4. Asamblarea lasagnei: Mai întâi se pune un strat de carne, apoi un strat de sos alb și în al treilea rând stratul de brânză rasă. Repetați în această ordine de încă 2 ori. La final se adauga un strat suplimentar de branza rasa.
5. Se da la cuptorul preincalzit la 180°C pentru aproximativ 40 de minute.

49. LASAGNE COAPTE CU CARNE

Ingrediente

- Carnea de vită tocată depinde de câte porții vor fi, calculează
- muştar
- Pasta de tomate

- sare si piper
- achiote
- chimion
- două semințe de usturoi sau pastă de usturoi
- Sos moale
- Unt
- 1 cană lapte
- 2 linguri amidon de porumb

Pași

1. Scoateți cele coapte din coajă, tăiați-le în 2 și fierbeți-le până devin moi și galbene.
2. Scoatem apa din apa fiarta si le pasim, adaugam un praf de sare si 1 lingura de unt si cand totul este integrat (pasam sau piuream cand cel copt este fierbinte)
3. Intr-o tigaie punem carnea care are deja mustar, usturoi, achiote, chimen, sare asezonam dupa bunul plac, cand carnea este aurie punem 3 linguri pasta de rosii si oprim arzatorul
4. Folosesc o matriță mică de aluminiu dar depinde de cantitatea care va face mai multe

de dimensiunea formei, pun un strat de coaptă și altul de carne și celălalt de coaptă.

5. Pentru sosul alb incingem o oala punem 2 linguri de unt si mixam cana de lapte si cele 2 linguri de amidon de porumb cand amidonul de porumb este bine incorporat cu laptele il punem in oala cu untul si amestecam continuu pana se este gros Va fi gata, punem sare si piper dupa gust, adaugam sosul alb in branza mozzarella rasa coapta si optional si dam la cuptor pentru 10 minute.

50. LASAGNA CU PUI, SPANAC SI BRRANZA

Ingrediente

- 12 farfurii lasagna prefiarta
- 300 de grame de spanac spalat
- 1 ceapă
- doi piept de pui fiert si tocat
- 8 linguri sos de rosii de casa
- 500 ml sos bechamel
- 200 de grame de brânză mozzarella feliată
- Ulei de masline
- Sare

Paşi

1. Preîncălziţi cuptorul la 220.
2. Tăiaţi ceapa şi prăjiţi-o până pare transparentă.
3. Adăugaţi spanacul şi fierbeţi până se evaporă toată apa pe care o eliberează.
4. Adăugaţi puiul la spanac şi ceapă.
5. Adăugaţi bechamelul şi amestecaţi.
6. Pregătiţi pastele urmând instrucţiunile şi odată ce sunt gata începeţi să asamblaţi lasagna. (Depinde de marcă; va avea instrucţiuni diferite).
7. Într-o tavă de copt, puneţi puţin bechamel, apoi puneţi farfurii de lasagna, apoi umplutura şi brânză. Repetaţi şi terminaţi cu un strat de paste.
8. În ultimul strat de paste se întinde sos de roşii. Întindeţi mai multă brânză.
9. Coacem lasagna pana se rumeneste si branza se topeste (cam 40 de minute am facut-o).
10. Când scoateţi lasagna din cuptor, lăsaţi-o să se încălzească câteva minute înainte de a o servi, pentru a nu se destrama când este servită. Bucura-te de masa ta.

51. PASTE CU SOS DE ROSEMARY

ingrediente

- 400 g paste
- 2 eşalote
- 2 catei de usturoi
- 2 crengute de rozmarin (proaspat)
- Ulei de măsline Monini CLASSICO
- 400 ml Polpo (sos de roșii cu bucăți)
- sare
- Piper (de la moară)

pregătire

1. Fierbe pastele conform instructiunilor de pe ambalaj pana sunt al dente si se scurg.
2. Intre timp, curatati de coaja si tocati marunt salota si usturoiul. Smulgeți rozmarinul de pe ramură.
3. Încingeți uleiul de măsline Monini CLASSICO într-o tigaie și prăjiți eșalota și usturoiul. Adăugați rozmarin. Se toarnă polpa deasupra și se lasă să fiarbă scurt. La final, asezonați cu sare și piper.
4. Adăugați pastele în sos și serviți.

52. PASTE VEGETARIANE BOLOGNEZE

ingrediente
- 60 g paste
- ½ ceapă
- 100 g tocată de soia
- 1 lingura de seminte de in (zdrobite)
- 50 g roșii pasate
- 20 g roșii uscate
- 1 lingura nuci de pin
- 2 linguri parmezan
- 1 lingura ulei de cocos

pregătire

1.

Gatiti pastele conform instructiunilor de pe pachet.
2. Încinge uleiul de cocos într-o tigaie.
3. Ceapa se toaca si se caleste in tigaia cu tocat de soia si nuci de pin.
4. Adaugati semintele de in, rosiile uscate si pasate in piure si amestecati sosul.
5. Amestecați pastele și sosul și acoperiți cu parmezan.

53. PASTE CU PORTOCALE - SOS DE SOMON

ingrediente
- 1/2 bucată de ceapă (aprox. 30 g)
- 1/2 catel de usturoi
- 25 ml smântână dulce
- 5 linguri suc de portocale (100% fructe)
- 100 g file de polac
- 1 praf de sare de iod
- 1 praf de piper negru
- 100 g penne (paste)
- 50 ml lapte (scăzut în grăsimi 1,5% grăsime)

pregătire
1.

Pregătiți penne-ul conform instrucțiunilor.

2. Sos: Taiati cubulete ceapa si usturoiul, sotiti unul dupa altul in putin ulei.
3. Deglazează cu smântână, lapte și suc.
4. Se fierbe până la consistența dorită sau se îngroașă cu un agent de îngroșare pentru sos.
5. Asezonați după gust.
6. Tăiați somonul în fâșii fine și adăugați-l în sos imediat înainte de servire.

54. SALATA DE PENNE CU SOS PESTO DE Sfecla Rosie

Ingrediente
- 400 g de paste penne
- 1 portocală
- 1 salata verde
- 1 avocado
- ½ lămâie
- ½ ceapă roșie

Pentru sosul pesto de sfeclă roșie:
- 200 g de sfeclă fiartă
- 50 g parmezan
- 50 ml de ulei de măsline extravirgin Borges
- Puțin lapte

pregătire
1.
- Sare

Pregătirea

1.

Pentru a face pesto, bateți toate ingredientele împreună. Curățați și tăiați portocala în bucăți. Spălați, uscați și tăiați salata verde. Curățați și tăiați avocado cubulețe și stoarceți o jumătate de lămâie pentru a nu se rumeni. Curățați și tăiați ceapa. Puneți salata verde într-un bol, adăugați sosul pesto de sfeclă roșie și mai adăugați puțin ulei de măsline extravirgin Borges. Terminați cu restul ingredientelor și decorați cu câteva bucăți de portocală.

Pregătirea

55. LASAGNE DE SPINAC CU SPANAC CREMĂ

Ingrediente

- 600 G spanac cremă, congelat
- 12 farfurii lasagna bucata, fara pre-gatitul
- 120 G Gorgonzola
- 1 buc cățel de usturoi
- 1 TL Unt, pentru matriță
- 0,5 Bch Smântână sau crème fraîche
- 150 ml frisca
- 100 G Brânză, rasă, de ex. Gouda, Cheddar

1. Mai întâi curățați usturoiul și tăiați-l mărunt. Dezghețați spanacul cremă congelat la cuptorul cu microunde (la 400 wați) pentru aproximativ 15 minute și amestecați usturoiul cu spanacul dezghețat.
2. Între timp, ungeți o tavă de copt cu unt și preîncălziți cuptorul la 200 ° C căldură sus/jos.
3. Apoi, tocați grosier brânza. Tapetați tava de copt cu 1/3 din foile de lasagna și întindeți deasupra jumătate din spanac cremă. Presarati jumatate din gorgonzola peste spanac, apoi asezati urmatorul strat de foi de lasagna deasupra.
4. Acum stratificați din nou spanac și Gorgonzola, în cele din urmă acoperiți cu foile de lasagna rămase.
5. La final se intinde smantana pe farfurii cu paste. Se amestecă brânza rasă cu smântâna și se întinde peste stratul de smântână.
6. Lasagna de spanac cu crema pana se rumeneste aproximativ 30-35 de minute la cuptorul preincalzit pe sina din mijloc.
7. Scoateți lasagna terminată din cuptor și lăsați-o să se odihnească încă 5 minute înainte de servire.

Pregătirea

56. LASAGNE VEGANĂ CU SPINAC

Ingrediente

- 250 G foi de lasagna
- 250 G Spanac, congelat

Ingrediente pentru bechamelul vegan

- 250 ml apă
- 750 ml lapte de soia
- 1 premiu Nucsoara, macinata
- 1 TL sare
- 1 premiu piper proaspăt măcinat
- 200 G Margarina, vegana
- 200 G Făină

1. Preîncălziți cuptorul la 180 ° C cuptor ventilat.
2. Apoi pune spanacul intr-o strecuratoare si lasa-l sa se dezghete.
3. Pentru sosul bechamel se topeste margarina intr-o cratita, se adauga treptat faina, se amesteca bine si se toarna incet laptele de soia si apa.
4. Acum lăsați sosul să fiarbă aproximativ 30 de minute la foc mic și asezonați cu sare și piper.
5. Apoi amestecați spanacul dezghețat cu sosul și stratificați alternativ cu farfurii de lasagna într-un vas de lasagna. Terminați cu sos bechamel și coaceți lasagna vegană cu spanac pentru aproximativ 30 de minute în cuptorul preîncălzit.

Pregătirea

57. LASAGNE FĂRĂ BECHAMEL

Ingrediente
- 250 G foi de lasagna, fără pre-gătire
- 200 G parmezan, ras

Ingrediente pentru sosul de carne tocata
- 2 buc. Șalote, mici
- 2 buc Căței de usturoi, mici ▯ 500 G Carne tocată, amestecată
- 2 linguri de unt clarificat
- 1,5 TL sare
- 2 linguri Pasta de rosii
- 700 G de roșii, sa întâmplat
- 150 G Brânză Creme Fraiche

- 1 lingura zahar

- 2 TL Oregano, tocat fin/uscat
- 1 lingura ulei de masline
- 3 premii Piper din râșniță

Pregătirea
1. Mai întâi decojiți eșalota și cățeii de usturoi și tăiați-i în bucăți mici. Preîncălziți cuptorul la cca. 180 de grade (caldura de sus si de jos).
2. Apoi se încălzește untul limpezit într-o tigaie, se prăjește carnea tocată până devine sfărâmicioasă și cel mai bine se toacă cu o spatulă. De îndată ce carnea s-a rumenit, adăugați eșalota și usturoiul și continuați să prăjiți pentru scurt timp.
3. Apoi amestecați pasta de roșii și uleiul de măsline și prăjiți. Se deglasează apoi cu roșiile, se amestecă cu crème fraîche, se aduce la fierbere, se scoate sosul de pe plită și se condimentează bine cu sare, piper, zahăr și oregano (dacă doriți).
4. Acum puneți puțin sos într-o caserolă potrivită, puneți pe el un strat din farfuriile de lasagne, apoi întindeți din nou puțin sos de carne tocată, apoi din nou farfurii de lasagna și repetați procesul până se epuizează

ingredientele - sosul trebuie să formeze ultimul strat. .

5. La final, întindeți parmezanul deasupra și coaceți lasagna fără bechamel în cuptorul preîncălzit pe grătar în treimea inferioară pentru aproximativ 40 de minute până se rumenește.

58. LASAGNE DE BROCCOLI SOMON

Ingrediente

- 900 g broccoli
- 1 buc ceapa, tocata
- 40 g unt
- 50 G Făină
- 140 ml crema
- 120 ml lapte
- 80 G Gouda, ras
- 3 linguri Mărar, tocat
- 12 bucăți foi de lasagna (fără gătit)
- 300 G somon afumat feliat
- 1 premiu Nucsoara, macinata
- 1 premiu sare si piper

Mai intai curatati broccoli, taiati buchetele mici, spalati si gatiti in 0,5 litri de apa clocotita cu sare timp de aproximativ 4 minute pana al dente. Apoi strecurați broccoli printr-o sită și colectați apa de gătit.

2. Topiți untul într-o tigaie, căliți bucățile de ceapă până devin translucide, pudrați făina și căleți scurt. Adăugați treptat smântâna, laptele și apa cu broccoli amestecând și fierbeți la foc mic timp de aproximativ 10 minute. Se condimenteaza apoi sosul cu nucsoara, sare si piper si se adauga mararul si branza.

3. Întindeți puțin sos într-o tavă dreptunghiulară, apoi întindeți deasupra 4 foi de lasagna și puneți deasupra jumătate din somon afumat și jumătate din buchețele de broccoli. Acoperiți cu 1/3 din sos. Apoi stratificați 4 foi de lasagna, somon și broccoli. Întindeți deasupra încă o treime din sos. Acoperiți cu foile de lasagna rămase, acoperiți cu broccoli rămas și acoperiți cu sosul.

4. Lasagna cu somon și broccoli la cuptorul preîncălzit (încălzire sus/jos: 200 ° C,

Pregătirea

1.
ventilator 175 ° C) timp de aproximativ 40 de minute se coace.

59. LASAGNE DE SOMON

Ingrediente

- 200 G foi de lasagna, verde
- 1 TL sare
- 400 G file de somon
- 5 TL suc de lamaie
- 1 buc ceapa, tocata marunt
- 2 buc catei de usturoi, tocati
- 60 G Fulgi de unt
- 3 linguri ulei de măsline
- 120 ml vin alb, sec

- 200 ml crema
- 1 ardei premiu
- 1 lingura coaja de lamaie, rasa
- 120 G Gorgonzola
- 100 G parmezan, ras

   Pentru lasagna cu somon, fierbeți foile de lasagna conform instrucțiunilor de pe pachet, scurgeți și scurgeți.
2. Apoi se spală fileurile de somon, se usucă cu hârtie de bucătărie, se stropesc cu zeamă de lămâie, sare și apoi se taie cubulețe.
3. Acum se incinge uleiul de masline intr-o tigaie, se caleste ceapa si usturoiul tocate marunt, se adauga bucatile de peste si se prajesc scurt. Se amestecă vinul alb și smântâna și se reduce puțin. Se amestecă parmezanul și se condimentează cu coaja de lămâie rasă, sare și piper.
4. Ungeți o tavă de copt cu ulei de măsline și turnați în straturi de amestec de somon și farfurii cu paste, deasupra cu un strat de paste.
5. Apoi zdrobiți Gorgonzola cu o furculiță și întindeți-o peste lasagna împreună cu fulgi de unt.

Pregătirea

1.
6. Coaceți în cuptorul preîncălzit (220 °) timp de 20-25 de minute.

60. LASAGNE DE LEGUME

Ingrediente

- 1 crema Bch
- 100 g ciuperci
- 2 buc ceapa, mica
- 2 linguri ulei de masline, pentru forma
- 1 conserve roșii
- 1 buc dovlecel
- 1 premiu oregano
- 1 premiu sare
- 1 pachet foi de lasagna
- 100 G brânză, rasă

- 1 TL bulion de legume

Pentru lasagna de legume, mai întâi preîncălziți cuptorul la 180 de grade (încălzire sus-jos) și ungeți o tavă cu puțin ulei.
2. Între timp, curățați sau periați ciupercile (nu spălați) și tăiați-le felii. Curățați și tocați mărunt ceapa. Se spala dovlecelul si se rade marunt.
3. Apoi încălziți uleiul într-o tigaie și fierbeți bucățile de ceapă la abur până devin translucide. Se adauga apoi feliile de ciuperci si se prajesc scurt.
4. Acum adăugați roșiile și dovlecelul și turnați deasupra supa de legume. Se condimentează cu sare și oregano și se fierbe timp de aproximativ 5 minute.
5. La final se amestecă smântâna și se condimentează din nou cu sare și oregano.
6. Acum puneți un strat de foi de lasagna în tava de copt, apoi turnați peste el puțin din sosul de legume și încă un strat de foi de lasagna.

Pregătirea

1.

Repetați procesul până se epuizează ingredientele.

7. La final, presara lasagna de legume cu branza rasa si coacem in cuptorul preincalzit pentru aproximativ 40 de minute.

61. SALATA DE PASTE MEDITERRANEANE

ingrediente
- 160 g taitei spiralati (cruzi)
- 160 g roșii
- 200 g castraveți
- 100 ml iaurt degresat (scurcat)
- Oțet balsamic
- 1 lingura ulei de masline

- sare
- piper
- Busuioc (proaspat sau uscat)

pregătire

1. Mai întâi fierbeți tăițeii spiralați în apă cu sare până când sunt al dente.
2. Spălați roșiile și castraveții și tăiați-le în bucăți mici.
3. Amestecați toate ingredientele, marinați cu oțet și ulei și adăugați iaurtul.
4. Asezonați salata de paste cu sare, piper și busuioc, aranjați și serviți.

62. SALATA DE PASTE CU LEGUME PĂRITE

ingrediente

- 225 g fusilli
- sare
- 2 dovlecei (400 g)
- 1 ardei gras (rosu, 100 g)
- 1 ardei gras (galben, 100 g)
- 1 ceapă (roșie, 74 g)
- 2 linguri ulei de masline
- 2 linguri Maioneza KUNER Original (80% grasime)
- 2 linguri otet balsamic
- 50 g măsline (fără sâmbure, tăiate în sferturi)

- 2 linguri busuioc (tocat) preparat

1. Pentru salata de paste cu legume prăjite, fierbeți mai întâi pastele în apă cu sare până când sunt tari la mușcătură și scurgeți-le.
2. Preîncălziți cuptorul la 200 ° C.
3. Taiati cubulete dovleceii, ardeiul gras si ceapa, asezati pe o tava de copt cu hartie de copt si stropiti cu 1 lingura de ulei de masline. Se frige timp de 25 de minute sau până când legumele sunt fierte, întorcându-le o dată.
4. Amestecați oțetul, uleiul și maioneza.
5. Amestecați legumele prăjite cu dressingul și ingredientele rămase într-un castron mare.
6. Încorporați pastele și serviți imediat salata de paste cu legume prăjite.

63. FIDEI DE TON

ingrediente

- 1 conserve de ton (natural)
- 7 capere
- 1/2 pahar de roșii (uscate, în ulei; alternativ, roșii proaspete)
- 7 măsline
- 1/2 ceapă
- Ulei de chili
- ulei de usturoi
- 250 g spaghete

pregătire
1. Tăiați ceapa în cuburi mici. Tăiați cubulețe roșiile uscate și scurgeți tonul.
2. Gatiti spaghetele conform instructiunilor de pe pachet.
3. Puneti ardeiul iute si uleiul de usturoi intr-o tigaie si caliti ceapa. Adăugați roșii, capere, măsline și ton. Lasam sa fiarba putin, adaugam putina apa pentru paste si adaugam zeama de lamaie.
4. Aranjați pastele fierte cu sosul și serviți.

64. LASAGNE RAPIDE DE LEGUME

Ingrediente

- Al 12-lea Pc foi de lasagna, după cum este necesar
- 60 G brânză, rasă

Ingrediente pentru legume

- 750G Legume unt, congelate
- 40 g unt
- al 4-lealingurită de făină, albă
- 1 l lapte
- 60 G brânză, rasă
- 1 TL sare

- 0,25 TL nucșoară

Ingrediente pentru sosul de rosii

- 500 G de roșii, sa întâmplat
- 130 G Brânză Creme Fraiche

Pregătirea

1. Lăsați legumele să se dezghețe la timp pentru asta.
2. Pentru legume se topește untul într-o cratiță, apoi se presară făina, se lasă să capete o culoare slabă și se toarnă laptele în porții amestecând energic.
3. Se aduce apoi sosul la fiert, se condimentează cu sare și nucșoară, apoi se adaugă legumele cu unt și brânza, se topește brânza și se amestecă totul bine.
4. Pentru stratul superior, amestecați crème fraîche cu aproximativ 4 linguri de piure de roșii și pregătiți.
5. Preîncălziți cuptorul la 200 ° C (cu căldură de sus și de jos).

6. Apoi puneți niște sos de legume într-o tavă potrivită pentru copt. Puneți forma cu tăițeii lasagna pe ea, stropiți pe ea 1 strat de piure de roșii, acoperiți-o din nou cu umplutura de legume. Apoi începeți din nou cu tăiței lasagna și așa mai departe. (În funcție de dimensiunea cratiței, stratificați cel puțin 3 straturi de paste).
7. Finalul trebuie să fie 1 strat de paste, acoperite cu sos de roșii crème fraiche și stropite cu brânză. Apoi coaceți lasagna rapidă de legume la cuptor în treimea inferioară pentru aproximativ 30 de minute.

65. SOS DE ROSII

ingrediente

- 125 g roșii (curățate)
- 125 ml de paste
- 1 ceapă (mică)
- 1 bat (e) praz (mic)
- zahăr
- sare
- piper
- 1 catel de usturoi
- 1 lingurita ulei de arahide
- Busuioc (proaspăt)

pregătire
1. Tăiați mărunt usturoiul și ceapa, tăiați prazul în felii, apoi transpirați în ulei până devin translucide.
2. Adăugați roșiile, passata și zahărul. Se fierbe încet timp de 10 minute.
3. Se condimentează după gust cu sare și piper, se pasează totul împreună și se servește cu busuioc.

66. VARZA DE BRUXELLES CIORBA DE CAJU

Ingrediente

- 110 g nuci caju
- 300 g varza de Bruxelles
- 500 ml bulion de legume ▢ 5 curmale (fara sambure)
- 1 lămâie organică
- 1 mână de ierburi (5 g; de exemplu pătrunjel)
- 1 praf sare de himalaya
- piper
- boabe de piper roz

Etape de pregătire
1. Înmuiați 100 g nuci caju în 200 ml apă timp de cel puțin 4 ore. Apoi transformați într-o cremă cu un mixer.
2. Între timp, curățați și spălați varza de Bruxelles, puneți-le într-o cratiță cu supa de legume și gătiți la foc mediu timp de 15-20 de minute. Scurge apoi varza de Bruxelles si pune deoparte cateva buchete. Se adauga treptat varza ramasa cu crema de caju si 200 ml apa si curmalele pana se obtine consistenta dorita si se paseaza pana la o supa cremoasa.
3. Stoarceți lămâia. Se spală ierburile, se usucă și se toacă. Condimentam supa cu zeama de lamaie, sare si piper si adaugam varza de Bruxelles pusa deoparte. Aranjați supa în boluri și stropiți cu restul de nuci caju, boabe de piper roz și ierburi.

67. SALATA DE PASTE CU PESTO GENOVESE

Ingrediente
- 300 g Farfalle
- 50 g ruchetă
- 200 g rosii cherry
- piper
- 80 g bresaola
- 10 ml supă de legume
- 5 ml otet de vin alb
- 3 linguri Barilla Pesto Genovese
- 3-4 linguri ulei de masline

pregătire

1. Aduceți multă apă cu sare la fiert pentru salata de paste. Adăugați farfalle și gătiți până al dente. Se toarnă într-o sită și se clătește puțin în apă rece pentru a nu se lipi pastele.
2. În timp ce se gătește farfalle, spălați rucola și scurgeți bine.
3. Taiati rosiile cherry in jumatate si asezonati suprafetele taiate cu sare si piper. Lasă-l să se abrupte pentru scurt timp.
4. Tăiați bresaola sau în fâșii înguste. Într-un castron mare, amestecați bulionul, oțetul, pesto Genovese, sare și piper și apoi adăugați uleiul de măsline.
5. Inainte de servire adaugati in sos farfalle, rucola si rosiile cherry si amestecati totul cu grija. Asezonați dacă este necesar.
6. Ornați salata de paste cu bresaola

68. LASAGNE DE DOVLECEI

Ingrediente
- 8th Pc foi de lasagna
- 1 conserve Pizza rosii, mici
- pesmet al 20-lea G
- 20 G unt
- 1 premiu sare
- 1 ardei premiu
- 1 lingura de unt sau ulei, pentru matrita

Ingrediente pentru amestecul de ceapa si dovlecel
- 300 G dovlecel, proaspăt
- 1 lingura ulei de masline
- 1 buc ceapa

Ingrediente pentru amestecul de ricotta
- 200 g ricotta

- 1 premiu sare
- 1 premiu Piper macinat
- 1 TL chimen măcinat

Pregătirea

1. Mai întâi preîncălziți cuptorul la 180 ° C și ungeți o tavă de copt cu puțin ulei sau unt.
2. Spălați dovleceii, tăiați-le pe lungime în felii și tăiați-i fâșii fine. Curățați ceapa și tăiați-o în bucăți fine.
3. Încinge uleiul într-o tigaie și prăjește în ea fâșiile de dovlecel. Apoi puneți bucățile de ceapă în tigaie și prăjiți-le scurt.
4. Se condimentează ricotta cu chimen, sare și piper și se amestecă bine.
5. Asezonați roșiile de pizza cu sare și piper.
6. Acum puneți jumătate din roșii în vasul de copt pregătit, puneți deasupra primele două farfurii de lasagna și ungeți cu 1/4 din amestecul de ricotta și 1/3 din amestecul de ceapă și dovlecei.
7. Repetați procesul de două ori și terminați cu două foi de lasagna.
8. Acum amestecați restul amestecului de ricotta cu 3 linguri de apă și acoperiți cu el plăcile de lasagna de deasupra.

9. La final, se întinde pesmet și unt pe lasagna cu dovlecei și se coace în cuptorul preîncălzit pentru aproximativ 30 de minute.

69. LASAGNE DE DOVLECEI CU SOMON

Ingrediente
- 400 g dovlecel
- 350 G file de somon, fără piele
- 1 Federația busuioc
- 3 linguri de parmezan, proaspăt ras
- 2 linguri ulei de masline

Ingrediente pentru foile de lasagna
- 10 buc. foi de lasagna
- 0,5 TL Sare, pentru apa de gatit

Ingrediente pentru sosul ricotta
- 250 g ricotta
- 100 ml lapte
- 1 lingura suc de lamaie
- 1 TL coajă de lămâie
- 1 premiu sare
- 1 premiu Piper, negru, proaspăt măcinat

Pregătirea
1. Se pune apa cu sare la fiert intr-o cratita, se adauga foile de lasagna si se fierbe 5 minute. Se scurge apoi, se clateste in apa rece si se pun intr-un vas cu apa rece pentru a nu se lipi.
2. Spălați și curățați dovlecelul și tăiați-l pe lungime în felii. Se spala busuiocul, se usuca si se taie marunt frunzele.
3. Preîncălziți cuptorul la 180 ° C căldură sus/jos.
4. Pentru sosul ricotta, amestecați ricotta într-un bol cu laptele, coaja de lămâie, sare, piper și sucul de lămâie. Clătiți somonul cu apă rece, uscați-l și tăiați-l în cuburi mici.
5. Acum puneți un strat de foi de lasagna într-o tavă de copt. Deasupra puneți o parte din

cuburile de somon și feliile de dovlecel și asezonați cu sare și piper. Deasupra se împrăștie puțin busuioc și se presară deasupra puțin din sosul ricotta.
6. Stratificați ingredientele rămase în aceeași ordine și terminați cu sosul ricotta. La final, stropiți cu ulei de măsline peste lasagna de dovlecei cu somon.
7. Presărați parmezanul ras peste lasagna și glisați vasul pe grătarul din mijloc în cuptorul încins. Coaceți lasagna aproximativ 30 de minute și apoi serviți imediat.

70. LASAGNE VEGANĂ DE SPINAC

Ingrediente

- 250 G foi de lasagna
- 250 G Spanac, congelat

Ingrediente pentru bechamelul vegan

- 250 ml apă
- 750 ml lapte de soia
- 1 premiu Nucsoara, macinata
- 1 TL sare
- 1 premiu piper proaspăt măcinat
- 200 G Margarina, vegana
- 200 G Făină

Pregătirea

1. Preîncălziți cuptorul la 180 ° C cuptor ventilat.
2. Apoi pune spanacul intr-o strecuratoare si lasa-l sa se dezghete.
3. Pentru sosul bechamel se topeste margarina intr-o cratita, se adauga treptat faina, se amesteca bine si se toarna incet laptele de soia si apa.
4. Acum lăsați sosul să fiarbă aproximativ 30 de minute la foc mic și asezonați cu sare și piper.
5. Apoi amestecați spanacul dezghețat cu sosul și stratificați alternativ cu farfurii de lasagna într-un vas de lasagna. Terminați cu sos bechamel și coaceți lasagna vegană cu spanac pentru aproximativ 30 de minute în cuptorul preîncălzit.

71. LASAGNE TACATE DE VITA SI DOVLECEI

ingrediente
- 3 cepe
- 2 catei de usturoi
- 200 g morcovi
- 100 g rădăcină de țelină
- 1 lingura ulei de masline
- 500 g carne de vită tocată
- 2 linguri pasta de tomate
- 400 g roșii decojite bucăți (1 cutie)
- 250 ml supa de vita
- sare
- piper de la moară
- 2 linguri ierburi de Provence
- 400 g dovlecel
- 100 g pecorino (1 bucată)

- 10 farfurii cu lasagne din cereale integrale
- busuioc

Etape de pregătire
1. Curățați și tăiați mărunt ceapa și usturoiul. Curățați și radeți grosier morcovii și țelina. Încinge uleiul într-o tigaie mare. Se adaugă ceapa, usturoiul, morcovii și țelina și carnea tocată și se călesc aproximativ 10 minute la foc mediu. Se amestecă pasta de tomate și se prăjește pentru scurt timp.
2. Adăugați roșiile și gătiți câteva minute. Se toarnă bulionul. Asezonați cu sare, piper și ierburi. Fierbeți încă 10 minute la foc mic.
3. Spălați și curățați dovlecelul și tăiați-l pe lungime în felii subțiri. Rade pecorino-ul. Așezați alternativ sosul, farfuriile de paste și dovleceii într-o tavă de copt. Terminați cu sosul și stropiți cu brânză pecorino. Coaceți în cuptorul preîncălzit la 180 ° C (convecție 160 ° C; gaz: nivel 2-3) timp de cca. 30 - 40 de minute.
4. Se spală busuiocul, se agită la uscat. Se scoate lasagna, se portioneaza si se orneaza cu frunze de busuioc.

72. LASAGNE DE TON

Ingrediente

- 6th Pc foi de lasagna, albe, prefierte
- 2 TL ulei de măsline
- 150 G parmezan, ras

Ingrediente pentru sosul de ton

- 2 cutie de ton în suc propriu ☐ 900 G tomate, sa întâmplat
- 3 linguri Pasta de rosii
- 130 G Mazăre, verde
- 130 G Porumb
- 1 lingura ulei de masline
- 1 TL sare

- 2 premii Piper din râșniță
- 2 buc catei de usturoi, mici
- 2 buc ceapa, mica
- 1 TL oregano

Pregătirea

1. Pentru a începe cu lasagna cu ton, îndepărtați ceapa și usturoiul și tăiați-le în bucăți mici. Încinge uleiul într-o cratiță mai mare și prăjește ambele ingrediente în ea până devin translucide.
2. Se amestecă apoi pasta de roșii și se deglazează cu roșiile. Se condimentează cu sare și piper și se fierbe ușor timp de 15 minute, amestecând din când în când. Dupa aproximativ 5 minute adaugam mazarea si porumbul
3. Scoateți cratita de pe plită, amestecați bucățile de ton și asezonați cu oregano.
4. Ungem apoi o tavă de copt cu ulei de măsline, tapetăm baza cu foi de lasagna, apoi punem deasupra jumătate din sosul de ton, apoi din nou foile de lasagna și întindem peste ele restul de sos de ton.
5. La final se presara lasagna cu parmezanul ras si se coace cca 20 de minute in cuptorul

preincalzit la 180 de grade (caldura sus-jos) pe gratar. Dacă este necesar, acoperiți lasagna cu hârtie de copt spre sfârșitul timpului de coacere.

73. LASAGNE DE SPINAC

Ingrediente

- 600 G Spanac Balt, proaspăt sau congelat
- 1 buc ceapa, mica
- 2 buc catei de usturoi
- 1 TL sare
- 0,5 TL piper
- 0,5 TL chimen
- 200 G Feta
- 1 pachet Mozzarella

- 80 G parmezan, ras
- 250 g smantana
- 400 G foi de lasagna

Pregătirea

1. Pentru lasagna cu spanac, mai întâi preîncălziți cuptorul la 180 °C (cuptor ventilat) și ungeți o tavă de copt cu ulei.
2. Se spala apoi spanacul, se scutura la uscat si se incinge intr-o tigaie cu capac timp de 3 minute. Apa atașată de spanac este suficientă ca lichid. Apoi stoarceți spanacul și apoi tăiați în bucăți mici.
3. Acum se curăță și se toacă ceapa și usturoiul și se amestecă în spanacul. Se condimentează cu sare, piper și chimen.
4. Acum tăiați feta și mozzarella în bucăți mici. Într-un alt castron, amestecați feta, mozzarella, parmezanul și smântâna.
5. Acoperim apoi tava cu un strat de lasagna, apoi adaugam un strat de spanac si apoi un strat de crema de branza. Continuați așa până când ingredientele se epuizează și forma se

umple - stratul superior trebuie să fie crema de brânză.
6. Lasagna cu spanac la cuptor pentru aproximativ 3035 minute pentru a se coace.

74. SALATA DE PASTE CU CREVETI

ingrediente

- 500 g paste din grâu integral (penne)
- sare
- 1 coriandru
- 50 g parmezan (1 bucată)
- 3 linguri ricotta
- 3 linguri otet balsamic alb
- 2 linguri ulei de masline
- 300 g creveți (gata de gătit și gătiți)

- piper de la moară

Etape de pregătire

1. Fierbe pastele în multă apă clocotită cu sare conform instrucțiunilor de pe ambalaj, se toarnă într-o sită și se lasă să se scurgă.
2. Se spala coriandru, se usuca, se smulge frunzele si se taie marunt. Razi fin parmezanul. Amesteca ricotta cu parmezanul, otetul balsamic si uleiul de masline pana se omogenizeaza.
3. Amestecați pastele cu sosul de creveți, coriandru și ricotta-parmezan și asezonați cu sare și piper. Serviți salata de paste cu creveți în boluri.

75. LASAGNE DE SPINAC CU SPANAC CREMA

Ingrediente

- 600 G spanac cremă, congelat
- Al 12-lea Buc farfurii lasagna, fără pre-gătire
- 120 G Gorgonzola
- 1 buc cățel de usturoi
- 1 TL Unt, pentru matriță
- 0,5 Bch Smântână sau crème fraîche
- 150 ml frisca
- 100 G Brânză, rasă, de ex. Gouda, Cheddar

Pregătirea

1. Mai întâi curățați usturoiul și tăiați-l mărunt. Dezghețați spanacul cremă congelat la cuptorul cu microunde
(la 400 wați) pentru aproximativ 15 minute și amestecați usturoiul cu spanacul dezghețat.
2. Între timp, ungeți o tavă de copt cu unt și preîncălziți cuptorul la 200 ° C căldură sus/jos.
3. Apoi, tocați grosier brânza. Tapetați tava de copt cu 1/3 din foile de lasagna și întindeți deasupra jumătate din spanac cremă. Presarati jumatate din gorgonzola peste spanac, apoi asezati urmatorul strat de foi de lasagna deasupra.
4. Acum stratificați din nou spanac și Gorgonzola, în cele din urmă acoperiți cu foile de lasagna rămase.
5. La final se intinde smantana pe farfurii cu paste. Se amestecă brânza rasă cu smântâna și se întinde peste stratul de smântână.
6. Lasagna de spanac cu crema pana se rumeneste aproximativ 30-35 de minute la cuptorul preincalzit pe sina din mijloc.

7. Scoateți lasagna terminată din cuptor și lăsați-o să se odihnească încă 5 minute înainte de servire.

76. LASAGNE DE SPARANGEL

ingrediente

Pentru aluat:

- 900 g faina
- 500 ml apă (călduță)
- 25 g sare
- 3 linguri ulei din seminte de dovleac
- 8 g Germeni (sau 1 Pkg. Drojdie uscată)

Pentru acoperire:

- 25 g seminte de dovleac (macinate)
- 1 dovleac
- 100 g prosciutto

- 50 g parmezan (ras sau feliat)
- 50 g rucheta
- ulei de masline

pregătire

1. Pentru mini pizza cu dovleac de la friteuza cu aer fierbinte, mai intai framantati toate ingredientele pentru aluat si formati o bila. Se pune intr-un castron, se acopera cu un prosop si se lasa sa creasca aproximativ 2 ore.
2. Între timp, pregătiți toppingul. Pentru a face acest lucru, curățați dovleacul, îndepărtați semințele și tăiați pulpa în cuburi mici.
3. Se fierb cuburile de dovleac în friteuza cu aer cald Air fryer la 120°C cu puțin ulei timp de 10 minute până devine moale și ușor zdrobită. Se pasează sau se amestecă într-o pastă.
4. Împărțiți aluatul în patru bucăți egale, întindeți-le într-o pizza mică sau desfaceți-le. Ungeți fiecare pizza cu pasta de dovleac și stropiți cu semințe de dovleac.
5. Mini pizza cu dovleac de la friteuza cu aer cald timp de aproximativ 10-15 minute la 200°C in friteuza cu aer se coace.
6. Apoi întindeți deasupra rucola, prosciutto și parmezan. Stropiți cu câteva picături de ulei de măsline.

77. PASTE CU BOLOGNEZA DE LINTE

ingrediente

- 350 g ciuperci
- 2 cepe
- 2 catei de usturoi
- 3 morcovi
- 3 stâlpi țelină
- 200 g lentile roșii
- 2 linguri ulei de masline
- 125 ml vin roșu (alternativ bulion de legume)
- 3 linguri pasta de tomate
- 700 g roșii trecute

- 400 g paste integrale de grau (farfalle)
- sare
- 100 g brânză tare (cu cheag microbian; de exemplu, montello)
- 4 ramuri rozmarin proaspăt
- 4 ramuri de oregano proaspăt
- 4 foi de salvie proaspata

Etape de pregătire

1. Curățați ciupercile și tăiați-le în bucăți mici. Curățați ceapa și usturoiul și tăiați-le în bucăți mici. Spălați morcovii, curățați-i și dați-i prin răzătoare. Spălați țelina și tocați-o.
2. Clătiți lintea cu o strecurătoare. Puneți lintea într-o cratiță mică și gătiți cu de două ori mai multă apă conform instrucțiunilor de pe ambalaj.
3. Între timp, încălziți uleiul într-o cratiță mare. Prăjiți ciupercile și ceapa la foc mare timp de 3 minute. Adăugați morcovii și țelina și prăjiți încă 3 minute. Reduceți căldura. Scoatem glazura cu vin rosu, adaugam usturoiul si pasta de rosii si coacem la foc mediu de 1-2 ori. Adăugați lintea și piureul de roșii în sos, amestecați și fierbeți încă 5-8 minute.
4. Intre timp, fierbe pastele in multa apa clocotita cu sare, urmand instructiunile de pe pachet, pana cand pastele sunt tari. Rasp branza. Se spală ierburile, se agită pentru a se usuca și se toacă

frunzele și acele. Adăugați ierburi la bolognese de linte și asezonați cu sare și piper.

5. Scurge pastele, scurge-le si aseaza-le pe o farfurie. Deasupra se intinde lintea la bolognese si se presara cu branza. Vă rugăm să vă bucurați de el cu căldură.

78. LASAGNE RAPIDE DE LEGUME

Ingrediente

- Al 12-lea Pc foi de lasagna, după cum este necesar
- 60 G brânză, rasă

Ingrediente pentru legume

- 750 G Legume unt, congelate
- 40 g unt
- al 4-lealinguriță de făină, albă
- 1 l lapte
- 60 G brânză, rasă

- 1 TL sare
- 0,25 TL nucșoară

Ingrediente pentru sosul de rosii

- 500 G de roșii, sa întâmplat
- 130 G Brânză Creme Fraiche

Pregătirea

1. Lăsați legumele să se dezghețe la timp pentru asta.
2. Pentru legume se topește untul într-o cratiță, apoi se presară făina, se lasă să capete o culoare slabă și se toarnă laptele în porții amestecând energic.
3. Se aduce apoi sosul la fiert, se condimentează cu sare și nucșoară, apoi se adaugă legumele cu unt și brânza, se topește brânza și se amestecă totul bine.
4. Pentru stratul superior, amestecați crème fraîche cu aproximativ 4 linguri de piure de roșii și pregătiți.
5. Preîncălziți cuptorul la 200 ° C (cu căldură de sus și de jos).
6. Apoi puneți niște sos de legume într-o tavă potrivită pentru copt. Puneți forma cu tăițeii lasagna pe ea, stropiți pe ea 1 strat de piure

de roșii, acoperiți-o din nou cu umplutura de legume. Apoi începeți din nou cu tăiței lasagna și așa mai departe. (În funcție de dimensiunea cratiței, stratificați cel puțin 3 straturi de paste).

7. Finalul trebuie să fie 1 strat de paste, acoperite cu sos de roșii crème fraiche și stropite cu brânză. Apoi coaceți lasagna rapidă de legume la cuptor în treimea inferioară pentru aproximativ 30 de minute.

79. . PASTE FETA STRĂTATE DIN CUPTOR

ingrediente
- 600 g rosii cherry
- 1 ceapa rosie
- 2 catei de usturoi
- 200 g feta
- 1 lingura ulei de masline
- sare
- piper
- 1 praf de cimbru uscat
- 1 praf de oregano uscat
- 1 praf fulgi de ardei iute
- 400 g spaghete din grâu integral
- 2 pumni busuioc

Etape de pregătire

5. Se curata si se spala rosiile si se taie in jumatate daca este necesar. Curățați ceapa, tăiați-o în jumătate și tăiați-o felii subțiri. Curățați și feliați usturoiul. Pune legumele într-o tavă de copt și brânza feta în mijloc. Stropiți totul cu ulei de măsline, sare, piper și condimente.
6. Se coace in cuptorul preincalzit la 200°C (convecție 180 °C, gaz: nivel 3) timp de 30-35 minute.
7. Între timp, urmați instrucțiunile din pachet pentru a găti pastele în apă sărată clocotită. Spălați busuiocul, agitați pentru a se usuca și smulgeți frunzele.
8. Scurge pastele și scurge-le. Scoatem branza feta si legumele din cuptor, le taiem grosolan cu o furculita si amestecam. Pune pastele și $1\frac{1}{2}$ mână de busuioc într-o tavă de copt, amestecă totul bine și distribuie pe 4 farfurii.
Serviți cu frunzele de busuioc rămase.

80. SPIRELLI CU SOS DE ROSII, LINTE SI FETA

ingrediente
- 50 g linte beluga
- 1 eșalotă
- 1 catel de usturoi
- 1 morcov
- 1 dovlecel
- 2 linguri ulei de masline
- ½ linguriță de pastă de harissa
- 200 g roșii aglomerate (cutie)
- sare
- piper
- 1 ramură de cimbru
- 250 g paste din grâu integral (spirelli)
- 200 g rosii cherry
- 50 g feta

Etape de pregătire

6. Fierbeți lintea în cantitate de două ori mai mare de apă clocotită timp de 25 de minute până se înmoaie. Apoi scurgeți și scurgeți.
7. Între timp, curățați și tocați eșapa și usturoiul. Curățați morcovii și dovleceii și tăiați-le în bucăți mici.
8. Se încălzește uleiul într-o tigaie și se prăjește șaota și usturoiul la foc mediu timp de 3 minute, apoi se adaugă morcovii, dovleceii și pasta de harissa și se prăjesc 5 minute. Se adauga apoi rosiile si se fierbe la foc mic inca 4 minute. Se spală cimbrul, se agită să se usuce și se bate frunzele. Se condimentează sosul cu sare, piper și cimbru.
9. Concomitent, urmați instrucțiunile de pe ambalaj și fierbeți pastele în multă apă clocotită cu sare timp de 8 minute. Apoi scurgeți și scurgeți. Se condimentează lintea gata cu sare și piper. Spălați roșiile și împărțiți-le în 4 părți egale. Zdrobiți brânza feta.
10. Pune pastele într-un castron, toarnă sosul cu linte și roșii, se stropește cu brânză feta și se bucură.

81. LASAGNĂ LOW CARB

Ingrediente

- 500 g carne tocată
- 2 buc dovlecel
- 1 buc ceapa
- 500 G roșii cernute
- 3 linguri Pasta de rosii
- 200 g creme fraiche branza
- 1 premiu sare
- 1 ardei premiat de la râșniță
- 200 G branza rasa
- 1 TL ierburi italiene
- 1 shot Ulei de masline pentru tigaie

Pregătirea

1. Mai intai taiati ceapa cubulete mici si caliti usor intr-o tigaie cu putin ulei. Adăugați carnea tocată și prăjiți-o și ea.
2. Acum carnea se asezoneaza cu sare si piper precum si ierburile italienesti dupa dorinta, se adauga rosiile si pasta de rosii si se fierb din nou scurt.
3. În continuare, dovlecelul trebuie spălat și tăiat în felii fine - cel mai simplu mod de a face acest lucru este cu o felie.
4. Acum stratificați feliile de dovlecel, creme fraiche și sosul de carne tocată alternativ într-o tavă potrivită și unsă cu unt. Ultimul strat este dovlecelul cu un strat subțire de creme fraiche. La final, peste ea se toarnă brânza.
5. Lasagna trebuie coaptă acum într-un cuptor preîncălzit la 200°C foc de sus și de jos sau la 180°C convecție timp de 30-40 de minute.

82. LASAGNE CU CURNIC

Ingrediente

- 500 G piept de curcan, gata de gatit
- 2 buc morcovi de talie medie
- 500 g roșii de mărime medie
- 2 buc ceapa, mica
- 3 linguri ulei de măsline
- 2 linguri Pasta de rosii
- 2 saruri premiate
- 2 ardei premiu
- 700 ml bulion de legume
- 200 G foi de lasagna
- 120 g Mozzarella
- 100 g brânză Gouda
- Locul 4 între Oregano, proaspăt
- 4 între Busuioc, proaspăt

Pregătirea
1. Mai întâi spălați puțin carnea sub jet de apă, uscați-o cu hârtie de bucătărie și tăiați-o în cuburi mici.
2. Apoi curățați morcovii și ceapa și, de asemenea, tăiați-le în cuburi. Spălați roșiile, tăiați-le în sferturi, îndepărtați tulpina tare și, de asemenea, tăiați roșiile în cuburi.
3. Acum se încălzește uleiul de măsline într-o tigaie și se rumenește carnea pe toate părțile - se întoarce de mai multe ori.
4. Se adauga apoi ceapa si morcovii si se calesc scurt cu pasta de rosii.
5. Se condimenteaza apoi totul cu sare si piper si se deglaza cu supa de legume.
6. Acum adăugați roșiile, aduceți la fiert și gătiți acoperit aproximativ 20 de minute.
7. Între timp, rupeți foile de lasagna în bucăți, puneți-le în tigaie după aproximativ 10 minute de tocănit, amestecați și gătiți până se înmoaie.
8. Apoi taiati mozzarella in cubulete si rade branza Gouda. Se spală busuiocul și oregano, se usucă cu agitare, se smulge frunzele, se toacă în bucăți fine, se pun jumătate din ierburi în tava și se amestecă.
9. La final, condimentam oala de lasagna cu curcan cu sare si piper, stropim cu ierburile ramase si servim cu cele doua tipuri de branza.

83. PENNE CU SOS DE ROSII SI NAUT

ingrediente
- 1 catel de usturoi
- 2 morcovi
- 3 linguri ulei de masline
- ½ linguriță chimen
- 1 praf de piper cayenne
- 200 g roșii aglomerate (cutie)
- 50 ml crema de soia
- sare
- piper
- rozmarin uscat
- 250 g paste din grâu integral (penne)
- 100 g naut
- ½ linguriță pudră de turmeric
- 1 lingurita susan

- 1 mână de rucola

Etape de pregătire

6. Curățați și tăiați usturoiul. Curățați, spălați și tăiați morcovul.
7. Se incinge 2 linguri de ulei intr-o cratita, se calesc in ea usturoiul si morcovul timp de 5 minute la foc mediu, apoi se adauga chimenul, ardeiul cayenne si rosiile si se mai calesc inca 4 minute la foc mic. Adaugati smantana de soia si asezonati sosul cu sare, piper si rozmarin.
8. În același timp, fierbeți pastele într-o cantitate mare de apă clocotită cu sare timp de 8 minute conform instrucțiunilor de pe ambalaj. Apoi scurgeți apa și scurgeți apa.
9. Pentru a găti năutul, încălziți uleiul rămas într-o tigaie, adăugați năutul, turmericul, semințele de susan și căleți timp de 4 minute la foc mediu. Asezonați cu sare și piper. Se spală racheta și se usucă cu agitare.
10. Împărțiți pastele în boluri, acoperiți cu sos de năut și serviți cu rucola.

84. BUDINDĂ DE LAPTE DE CHIA ȘI MIGDALE

ingrediente

- 50 g semințe de chia
- 300 ml băutură de migdale (lapte de migdale)
- 2 linguri sirop de artar
- 1 banană
- 2 praf de vanilie
- 1 mână de fructe de pădure goji uscate
- 1 lingură grămadă de sâmburi de cacao

Etape de pregătire

1. Pune semințele de chia, laptele de migdale, siropul de arțar, banana curățată și vanilia într-un castron. Lăsați la macerat cel puțin 40 de minute (sau peste noapte).
2. Se piureează totul cu blenderul de mână până la o cremă netedă, se adaugă puțin lapte de migdale dacă este necesar.
3. Se toarnă într-un castron sau într-un pahar de desert și se servește garnisită cu boabe de goji și niburi de cacao.

85. LASAGNE FĂRĂ BECHAMEL

Ingrediente
- 250 G foi de lasagna, fără pre-gătire
- 200 G parmezan, ras

Ingrediente pentru sosul de carne tocata
- 2 buc. Șalote, mici
- 2 buc catei de usturoi, mici
- 500 G Carne tocată, amestecată
- 2 linguri de unt clarificat
- 1,5 TL sare
- 2 linguri Pasta de rosii
- 700 G de roșii, sa întâmplat
- 150 G Brânză Creme Fraiche

- 1 lingura zahar
- 2 TL Oregano, tocat fin/uscat
- 1 lingura ulei de masline
- 3 premii Piper din râșniță

Pregătirea
1. Mai întâi decojiți eșalota și cățeii de usturoi și tăiați-i în bucăți mici. Preîncălziți cuptorul la cca. 180 de grade (caldura de sus si de jos).
2. Apoi se încălzește untul limpezit într-o tigaie, se prăjește carnea tocată până devine sfărâmicioasă și cel mai bine se toacă cu o spatulă. De îndată ce carnea s-a rumenit, adăugați eșalota și usturoiul și continuați să prăjiți pentru scurt timp.
3. Apoi amestecați pasta de roșii și uleiul de măsline și prăjiți. Se deglasează apoi cu roșiile, se amestecă cu crème fraîche, se aduce la fierbere, se scoate sosul de pe plită și se condimentează bine cu sare, piper, zahăr și oregano (dacă doriți).
4. Acum puneți puțin sos într-o caserolă potrivită, puneți pe el un strat de farfurii de lasagna, apoi întindeți din nou puțin sos de

carne tocată, apoi din nou farfurii de lasagna și repetați procesul până se epuizează ingredientele - sosul trebuie să formeze ultimul strat. .

5. La final, întindeți parmezanul deasupra și coaceți lasagna fără bechamel în cuptorul preîncălzit pe grătar în treimea inferioară pentru aproximativ 40 de minute până se rumenește.

86. GRANOLA DE CASA

Ingredient

- 3 căni de fulgi de ovăz
- ¼ cana nuci crude tocate
- ¼ cană nuci pecan crude, tocate
- ¼ cana migdale crude, tocate
- ½ cană sirop de arțar pur
- 2 lingurite de vanilie
- 2 lingurite scortisoara
- 1 praf de sare (optional)

Proces

1. Preîncălziți cuptorul la 250-300 ° F (149 ° C).
2. Pune toate ingredientele într-un bol, amestecă bine și acoperă totul cu sirop de arțar. Întindeți amestecul pe o tavă de copt sau pe o tavă pentru grătar.
3. Coaceți timp de 30-40 de minute, amestecând ocazional, până când amestecul devine maro. Mutați placa de sus pe grătar și lăsați-o să se răcească complet. Pune granola la frigider într-un borcan sigilat.

87. INGHETATA DE COCOS SI CIOCOLATA CU SEMINTE DE CHIA

ingrediente

- 400 ml lapte de cocos
- 4 linguri sirop de arțar
- 15 g pudră de cacao (2 linguri; foarte unsă)
- 2 plicuri ceai chai
- 12 g semințe albe de chia (2 linguri)
- 250 g iaurt de soia
- 30 g ciocolată neagră (cel puțin 70% cacao)
Etape de preparare

1. Pune laptele de cocos intr-o cratita. Adăugați siropul de arțar și pudra de cacao și încălziți,

dar nu aduceți la fierbere. Agățați plicul de ceai, acoperiți-l, luați de pe foc și lăsați-l la infuzat timp de 30 de minute. Apoi scoateți plicul de ceai, storcând lichidul. Amestecați 1 1/2 lingură de semințe de chia și iaurt.
2. Umpleți masa în 8 forme de gheață și lăsați să se înghețe aproximativ 1 oră. Apoi introduceți bețișoare de lemn și lăsați-le să înghețe încă 3 ore.
3. Se toaca ciocolata si se topeste pe o baie de apa calda. Scoatem inghetata din forme si decoram cu ciocolata si semintele de chia ramase.

88. LASAGNE FRUCCE DE MARE

Ingrediente

- 300 G File de peşte, de exemplu somon
- 2 buc ceapa primavara
- 1 buc lamaie
- 1 TL sare
- 0,5 TL piper
- 400 G foi de lasagna
- 2 linguri ulei de masline, pentru vasul de copt
- 100 G Creveţi, sau crabi, gata de gătit
- 200 g Mozzarella

Ingrediente pentru sos

- 100 G parmezan, ras
- 3 linguri de unt
- 3 linguri faina
- 150 ml lapte

Pregătirea

1. Mai întâi preîncălziţi cuptorul la 180 °C (cuptor ventilat) şi ungeţi o tavă cu ulei.
2. Apoi spălaţi creveţii şi fileul de peşte gata de gătit, uscaţi şi tăiaţi peştele în bucăţi mici.
3. Acum spălaţi ceapa primăvară şi tăiaţi-o în bucăţi mici. Frecaţi coaja de lămâie şi stoarceţi restul de lămâie. Se amestecă

peștele, creveții, ceapa primăvară, coaja și sucul de lămâie, sare și piper.
4. Pentru sos, încălziți untul într-o cratiță mică. Se împrăștie făina și se lasă să se întărească amestecând continuu. Apoi amestecați treptat laptele și încălziți până devine gros. Apoi amestecați brânza.
5. Acum acoperiți fundul vasului de copt cu un strat de lasagna, întindeți deasupra o parte din pește și turnați peste el o parte din sos. Continuați așa până când toate ingredientele au fost folosite - ultimul strat ar trebui să fie sosul. Apoi acoperiți-le cu mozzarella tăiată felii subțiri.
6. La final, coaceți lasagna cu fructe de mare timp de 30-35 de minute în cuptorul încins și savurați.

89. CAPSUNI CIOCOLATA CU CARDAMOM

ingrediente

- 400 g căpșuni
- 2 capsule de cardamom
- 100 g strat de ciocolată neagră (cel puțin 72% cacao)

Etape de pregătire

1. Puneți căpșunile într-o sită, spălați cu grijă și uscați.
2. Deschideți capsulele de cardamom și îndepărtați semințele. Zdrobiți fin semințele de cardamom într-un mojar.
3. Tăiați grosier acoperirea și puneți-o într-un bătutor mic. Adăugați cardamom.
4. Lăsați ciocolata să se topească într-o baie de apă fierbinte în timp ce amestecați.
5. Țineți căpșunile de tulpină și scufundați 2/3 succesiv în stratul de ciocolată lichidă.
6. Puneți căpșunile de ciocolată pe hârtie de copt și lăsați acoperirea să se usuce. Răciți căpșunile de ciocolată până sunt gata de servire.

90. PRACTICĂ DE BRÂNZĂ

Ingrediente pentru cheesecake-ul cu mere

- 250 g mascarpone
- 250 g caș cu conținut scăzut de grăsimi
- 3 oua
- 1 pachet de cremă
- 1 lingurita Praf de copt
- 1 pachet de zahar vanilat
- 1 praf de sare
- 2-3 mere

Pregătirea

1. Curățați, sferturi și zgâriați merele.
2. Amestecați ingredientele rămase împreună. Mai întâi cele uscate, apoi celelalte.
3. Tapetați tava arcuită de 28 cm cu hârtie de copt. Umpleți aluatul. Apăsați merele.
4. 45 de minute la 160°C (circulare) coacere, se lasa apoi sa se raceasca in cuptorul usor deschis.
5. Timp de preparare fără coacere 10-15 minute. În funcție de cât de repede poți curăța merele.

91. FARFALLE CU PESTO ROSSO SI MOZZARELLA

ingrediente

- 350 g Barilla Farfalle nr.65
- 1 pahar de Barilla Pesto Rosso
- 250 g bile de mozzarella
- 2 linguri ulei de masline (extra virgin)
- Busuioc (proaspăt)

pregătire

1. Pentru farfalle cu pesto rosso și mozzarella, aduceți mai întâi la fiert apă ușor sărată și gătiți în ea farfalle nr.65.
2. Gatiti al dente, puneti deoparte putina apa pentru paste si scurgeti pastele.
3. Se toarnă într-un castron, se amestecă cu apa fierbinte pentru paste în Barilla Pesto Rosso și se amestecă ușor.
4. Serviți pastele cu bile de mozzarella, câteva frunze de busuioc și puțin ulei de măsline extravirgin și serviți Farfalle cu pesto rosso și mozzarella.

92. TORTA DE FRUCTE FARA ZAHAR

ingrediente

- 400 g smochine uscate
- 400 g fructe uscate eg prune, caise, stafide
- 400 g nuci zb alune, migdale, nuci
- 5 ouă
- 125 g unt
- 200 g faina de spelta tip 1050
- 1 lingura scortisoara
- 1 hartă. cuișoare decojite

Etape de pregătire

1. Tăiați grosier smochinele, fructele uscate și nucile. Separam ouale si batem albusurile spuma. Bateți untul până devine pufos, apoi adăugați gălbenușurile și făina și faceți un aluat neted. Frământați în fructe, nuci și condimente. Încorporați cu grijă proteina.
2. Umplem aluatul intr-o tava tapetata cu hartie de copt, netezim si coacem la cuptor la 175°C (cuptor ventilat 150°C; gaz: nivel 2) pentru aproximativ 1 ora. Efectuați un test de stick.
3. Scoateți tortul din cuptor și lăsați-l să se răcească.

93. PURSEURI CU CHIPURI DE CIOCOLATA

Ingrediente:

- 2 cesti de faina (280 grame)
- 2 unități de ouă
- 1 cană de chipsuri de ciocolată
- 1 cana de zahar (200 grame)
- 1 cană de unt (225 grame)
- 1 lingurita de praf de copt

etapele de pregătire

1. Luați un castron și amestecați bine untul și zahărul pentru a începe să faceți prăjiturile de casă.
2. Apoi adăugați ouăle și continuați să bateți. Odată integrat, se adaugă făina cernută în prealabil cu praful de copt și se amestecă până se obține o masă omogenă.
3. La final, adăugați fulgii de ciocolată și amestecați-le în aluat cu o lingură, o spatulă sau cu mâinile. Puteți lăsa aluatul să se odihnească la frigider timp de 20 de minute și

să-l frământați din nou timp de 3 minute când îl scoateți. În acest fel, va dobândi o mai mare consistență.
4. Modelați-vă prăjiturile și așezați-le pe tava, cu o oarecare separare. Coaceți fursecurile cu ciocolată timp de 20 de minute și voilà!

94. FIDEI DE USturoi sălbatic

ingrediente

- 2 cepe (tăiate în rondele subțiri)
- 20 g unt
- 1 lingura ulei de masline
- 150 g usturoi sălbatic (tăiat fâșii)
- sare
- 3 linguri ulei de masline

- 200 g fidea panglică
- 1 lingura ulei
- 50 g parmezan (proaspăt ras)
- piper
- sare

pregătire

1. Amestecați untul și uleiul împreună.
2. Prăjiți ceapa în ea, adăugați usturoiul sălbatic, prăjiți cu el, sare, piper și amestecați cu 3 linguri de ulei de măsline.
3. Fierbe pastele în apă cu sare până al dente.
4. Se amestecă bine parmezanul și usturoiul sălbatic și se servește cu pastele fierte.

95. SPAGETE CU SPARANGEL SALBATIC

ingrediente

- sare de mare
- 400 g spaghete (sau tagliatelle)
- 80 g ceapă
- 200 g sparanghel (salbatic)
- 2 linguri ulei de masline
- 100 ml vin alb
- 1 cățel(i) de usturoi (până la 2)
- Piper (de la moară)
- 1 lingurita de unt
- Pătrunjel (proaspăt tocat)
- 2 linguri parmezan (proaspat ras)

pregătire

1.

Aduceți multă apă la fiert într-o cratiță mare, adăugați sare și fierbeți pastele în ea până al dente.
2. Între timp, decojiți și tăiați mărunt ceapa. Spălați sparanghelul sălbatic și tăiați-l în bucăți mari sau lăsați-l întreg.
3. Se încălzește ulei de măsline într-o tigaie și se prăjesc cubulețele de ceapă în ea. Adăugați sparanghelul și prăjiți scurt. Deglazează cu vin alb.
4. Presă usturoiul în tigaie și asezonează cu sare și piper. Se asezoneaza dupa gust cu unt, patrunjel si parmezan.
5. Când sparanghelul este flexibil, dar totuși mușcă, adăugați tăițeii strecurați în tigaie și amestecați totul scurt, astfel încât pastele să poată absorbi bine sosul.
6. Serviți spaghetele imediat.

96. SPAGETE CU SCAMPI ȘI FENICUL

ingrediente

- 350 g spaghete
- 1 pahar de sos de paste Barilla Arrabbiata
- 150 g scampi (decojiti)
- 1 tubercul(i) de fenicul
- sare
- piper
- parmezan (ras)

pregătire

1.

Pentru spaghetele cu scampi și fenicul, gătiți spaghetele Barilla conform instrucțiunilor de pe ambalaj.
2. Tăiați scampii în bucăți mici și prăjiți scurt într-o tigaie antiaderentă. Tăiați feniculul în fâșii înguste, adăugați la scampi și asezonați cu sare și piper.
3. Adăugați și sosul de paste Barilla Arrabbiata în tigaie și încălziți scurt.
4. Scurge pastele și amestecă cu sosul din tigaie. Apoi serviți imediat spaghetele cu scampi.

97. CAISE COPTE LA MIERE

Ingrediente:
- ulei de masline pentru uns
- 4 caise proaspete, tăiate la jumătate, fără sâmburi
- ½ cană nuci, tocate grosier
- Un praf de sare de mare
- ½ cană miere

Preparare:
1. Preîncălziți cuptorul la 350°F.
2. Tapetați o tavă de copt cu hârtie de copt și ungeți cu ulei.
3. Straturi de caise și presărați nuci. Asezonați cu sare.
4. Asezonați cu sare. Stropiți cu miere. Coaceți timp de 25 de minute.
5. Se ia de pe foc. Puneți fructele în boluri individuale cu nuci.

98. LASAGNE DIN TIGIE

Ingrediente

- 1 buc căţel de usturoi
- 1 buc. eşalotă
- 1 buc morcov 1 buc ţelină
- 2 linguri ulei de masline
- 250 G carne de vită tocată
- 1 lingura Pasta de rosii
- 50 ml vin alb
- 150 ml bulion
- 150 ml piure de roşii
- 1 premiu sare
- 1 ardei premiu
- 1 Bl Frunza de dafin
- 400 G foi de lasagna, proaspete

Ingrediente pentru sos uşor

- 150 ml crema
- 150 G Mascarpone
- 50 G parmezan ras
- 1 premiu nucsoara
- 1 Spr Suc de lamaie
- 50 G branza rasa

Pregătirea

1. Pentru lasagna din tigaie, curatati usturoiul, salota si morcovii. Curăţaţi ţelina. Tăiaţi totul în cuburi fine. Acum se încălzeşte uleiul într-o tigaie. Se prăjeşte carnea tocată până se sfărâmiciază. Se adauga apoi legumele taiate cubulete, se calesc pana devin translucide. Acum amestecaţi pasta de roşii, prăjiţi-o timp de 2 minute. Se stinge cu vin, bulion şi piure de roşii, se condimentează cu sare, piper şi foi de dafin. Apoi fierbeţi uşor timp de 25 de minute.
2. Între timp, preîncălziţi cuptorul la 180 de grade. Tăiaţi foile de lasagna pentru a se potrivi într-o tavă rezistentă la cuptor. Acum,

începând cu sosul, umpleți tava. Acoperiți un strat de sos cu foi de lasagna, un alt strat de sos. Continuați să stratificați până se epuizează sosul. Ultimul strat este sosul.

3. Acum se bate smântâna cu mascarpone și parmezan, se condimentează cu sare, piper și zeamă de lămâie și se întinde pe sosul de carne tocată. Se presară cu brânză rasă și se coace 40 de minute.

99. LASAGNE DE SOMON

50 de minute

4 portii

Ingrediente

- 200 G foi de lasagna, verde
- 1 TL sare
- 400 G file de somon
- 5 TL suc de lamaie
- 1 buc ceapa, tocata marunt
- 2 buc catei de usturoi, tocati
- 60 G Fulgi de unt
- 3 linguri ulei de măsline
- 120 ml vin alb, sec

- 200 ml crema
- 1 ardei premiu
- 1 lingura coaja de lamaie, rasa
- 120 G Gorgonzola
- 100 G parmezan, ras

Pregătirea

1. Pentru lasagna cu somon, fierbeți foile de lasagna conform instrucțiunilor de pe pachet, scurgeți și scurgeți.
2. Apoi se spală fileurile de somon, se usucă cu hârtie de bucătărie, se stropesc cu zeamă de lămâie, sare și apoi se taie cubulețe.
3. Acum se incinge uleiul de masline intr-o tigaie, se caleste ceapa si usturoiul tocate marunt, se adauga bucatile de peste si se prajesc scurt. Se amestecă vinul alb și smântâna și se reduce puțin. Se amestecă parmezanul și se condimentează cu coaja de lămâie rasă, sare și piper.
4. Ungeți o tavă de copt cu ulei de măsline și turnați în straturi de amestec de somon și farfurii cu paste, deasupra cu un strat de paste.

5. Apoi zdrobiți Gorgonzola cu o furculiță și întindeți-o peste lasagna împreună cu fulgi de unt.
6. Coaceți în cuptorul preîncălzit (220 °) timp de 20-25 de minute.

100. LASAGNE DE BROCCOLI SOMON

65 de minute

4 portii

Ingrediente

- 900 g broccoli
- 1 buc ceapa, tocata
- 40 g unt
- 50 G Făină
- 140 ml crema

- 120 ml lapte
- 80 G Gouda, ras
- 3 linguri Mărar, tocat
- A 12-a bucată foi de lasagna (fără gătit)
- 300 G somon afumat feliat
- 1 premiu Nucsoara, macinata
- 1 premiu sare si piper

Pregătirea

1. Mai intai curatati broccoli, taiati buchetele mici, spalati si gatiti in 0,5 litri de apa clocotita cu sare timp de cca. 4 minute până se întărește la mușcătură. Apoi strecurați broccoli printr-o sită și colectați apa de gătit.
2. Topiți untul într-o tigaie, căliți bucățile de ceapă până devin translucide, pudrați făina și căleți scurt. Adăugați treptat smântâna, laptele și apa cu broccoli amestecând și fierbeți la foc mic timp de aproximativ 10 minute. Se condimenteaza apoi sosul cu nucsoara, sare si piper si se adauga mararul si branza.

3. Întindeți puțin sos într-o caserolă dreptunghiulară, apoi întindeți deasupra 4 foi de lasagna și puneți deasupra jumătate din fiecare dintre buchețelele de somon afumat și broccoli. Acoperiți cu 1/3 din sos. Apoi stratificați 4 foi de lasagna, somon și broccoli. Întindeți deasupra încă o treime din sos. Acoperiți cu foile de lasagna rămase, acoperiți cu broccoli rămas și acoperiți cu sosul.
4. Lasagna cu somon și broccoli la cuptorul preîncălzit (încălzire sus/jos: 200 ° C, ventilator 175 ° C) timp de aproximativ 40 de minute se coace.

CONCLUZIE

Amintiți-vă că desertul trebuie savurat cu moderație, adică doar o bucată modestă trebuie consumată pentru a menține o alimentație sănătoasă și pentru a evita creșterea în greutate.

www.ingramcontent.com/pod-product-compliance
Lightning Source LLC
Chambersburg PA
CBHW070352120526
44590CB00014B/1105